Karam Khella
Marx, un Mythe

Karam Khella

Marx, un Mythe

Vita de Marx

Une biographie critique
de l'histoire de la science et de la politique
Remarques sur la révision de l'histoire et de la théorie

Traduit de l'allemand
par Jürgen Brankel

Titre de l'original:
Karam Khella
Mythos Marx, Hamburg

CIP-Titelaufnahme der Deutschen Bibliothek
Khella, Karam:
Marx, un Mythe / Karam Khella.
– 1. Aufl. – Hamburg: Theorie-u.-Praxis-Verl.,
Édition française, 2004

2. Auflage 2021

Theorie und Praxis Verlag
Goldbachstr. 2
D 22765 Hamburg
Allemagne
Tel.: x49 - 40 – 38 61 38 49
FAX: x49 - 40 – 38 61 38 50

ISBN 978-3-921866-92-4

Table des matières

Remarque préliminaire

Je sais que je vais décevoir et agacer par ce livre beaucoup d'amis devenus chers et cependant

pour le centième anniversaire de la mort de Friedrich Engels.
Hambourg, le 5 août 1995

Karam Khella

Préface

Aujourd'hui la critique du marxisme peut se faire publiquement sans risque. Je n'ai pas attendu ce moment. Au contraire, la catastrophe du socialisme historique et la chute de l'eurocommunisme occidental ont eu pour effet de me rendre plus réticent de publier mes analyses de l'œuvre marxienne que du temps de la puissance mondiale socialiste que j'avais critiqué déjà dans ce passé. Les travaux préparatoires pour ma critique du marxisme remontent à une époque où presque personne ne pouvait compter avec une chute tellement rapide du socialisme historique autour de 1990. Lorsque ce tournant devint une réalité, le contenu de mes manuscrits était prêt. Cependant, j'hésitais de les publier, puisque je ne voulais pas être applaudi par les gens malintentionnés. Lors de la chute du socialisme historique et à sa suite du mouvement mondial du communisme, l'impérialisme mettait en scène une chasse extraordinaire contre le marxisme et le léninisme. Les vagues de l'anticommunisme furent hautes. Je me sentis personnellement menacé, à vrai dire agressé. Et cela, quoique je fasse une critique des principes du marxisme.

La stagnation actuelle des mouvements anti-impérialistes, surtout dans l'Occident, connaît plusieurs causes. Les échecs des expériences socialistes et la capitulation des mouvements de libération ont déclenché une vague de frustration, de résignation et de désorientation. Il est à remarquer que la crise de la gauche a lieu précisément à un moment où c'est l'impérialisme qui aurait dû périr à cause du caractère de crise de son évolution. Cette situation paradoxal exige une explication. Après avoir longtemps réfléchi, l'auteur de ce livre est parvenu au résultat de ce que la crise de la gauche dépend surtout de sa mauvaise orientation théorique. Le marxisme avait valeur de théorie révolutionnaire par excellence. Il atteignit ainsi une position de monopole qui faisait languir dans un état sans importance d'autres démarches théoriques qui étaient jugées comme étant non-marxiste, sauf lorsqu'elles ne surent se présenter sous un jour marxiste et entrer ainsi dans la tradition marxiste-léniniste. Beaucoup de théoriciens qui pensaient et agissaient de manière fondamentalement non marxiste, ont réhabilité le marxisme par leur propre démarche. Aucun de ces révolutionnaires n'osait se présenter comme anti-marxiste. Ce comportement renforçait la position de monopole du marxisme et lui attribuait la prétention d'être la seule théorie révolutionnaire. Beaucoup de révolutionnaires jeunes et vieux, hommes et femmes, s'identifiaient avec le marxisme et luttaient sous sa bannière. Des champions de la liberté se réclamaient du marxisme, quoique

beaucoup parmi eux ont que rarement lu les œuvres de Marx – c'est à peine si quelqu'un avait étudié l'ensemble de l'œuvre.
Est-ce que le marxisme est vraiment révolutionnaire? Est-ce que les victoires du socialisme et des mouvements anti-impérialistes, qui se produisirent en 1917 et après la seconde guerre mondiale, ont existé à cause ou malgré une orientation marxiste? Est-ce que le marxisme est responsable des revers de la lutte anti-impérialiste et du procès révolutionnaire mondial? Même si le marxisme avait été d'une importance révolutionnaire, il ne constitue plus aujourd'hui une force motrice. La critique du marxisme est tant une nécessité théorique qu'une question de grande actualité pratique.

Premier chapitre

La formation de théories, aujourd'hui

- L'état pensif
- Actualité et nécessité de réfléchir
- Nous vivons une période de changements politiques importants
- Pourquoi est-ce que nous devons repenser l'œuvre de Marx?

Nous nous trouvons dans une période où nous faisons le bilan. C'est une période tout à fait particulière. Son importance résulte de la spécificité de cette époque, car nous vivons un moment bouleversé. Dans les moments bouleversés, il n'y a rien de plus important à faire que de réfléchir, réfléchir sur les expériences passées pour déterminer une orientation nouvelle pour l'avenir. Nous vivons en ce moment une telle période. Derrière nous, il y a une phase close et devant nous s'ouvrira, espérons-le, une nouvelle époque. Nous nous trouvons exactement dans l'entre-deux. Il s'y agit de phases tout à fait particulières de l'histoire. Le fait que personne n'est conscient de ce que nous nous mouvons à l'intérieur d'une telle transition, ou, tout au plus, que très peu de personnes le savent, n'y change rien.

La transition peut être très différente. Elle peut être celle de l'existence de l'homme survenue vers son inexistence. Elle peut être celle de l'échec vers la réussite. Mais cela peut être aussi celle d'un échec vers un plus grand échec encore. Dans cette manière d'envisager la question, se trouve déjà la critique du marxisme. Car le marxisme croit à un mécanisme dans l'histoire et à un progrès nécessaire. Après la société divisée en classes vient la société sans classes, et entre ces deux états, il y a la révolution. La révolution se produit nécessairement selon des lois établies. Nous voyons cela avec beaucoup plus de distance; mais, pour l'instant, je ne fais pas encore de critique du marxisme.
Nous nous trouvons dans un état de transition; cela veut dire à fortiori que nous nous trouvons pour le moment devant un « brasier éteint », la ruine de toutes les expériences révolutionnaires. La magnifique Révolution d'Octobre est devenu, aujourd'hui, un moyen d'accumulation capitaliste, de management capitaliste de crise. Comme si les socialistes n'avaient travaillé que dans le but d'édifier une nouvelle entreprise d'exploitation et d'oppression. Il n'est pas rare que les gens ne se rendent pas compte dans quelle époque ils vivent. Il est toujours possible qu'il y ait des gens

qui dansent sous l'effet d'alcool sur un bateau de luxe, mènent une vie de bâton de chaise jusqu'à ce que le bateau coule définitivement. Ceci n'est pas rare. Ou que les gens ne veulent pas être dérangés dans leur sommeil jusqu'à ce que toute la maison soit détruite par le feu. Donc, nous ne laissons pas nous irriter par le fait que personne n'est conscient de ce qui se passe actuellement. Nous ne sommes pas dans une situation enviable. Les hommes, ici dans l'Occident et dans le Nord, ne sont que très peu confrontés aux images de déclin et de ruine. Je viens de retourner d'un voyage d'information en Iraq. On supposera assurément que je suis l'un des mieux informés. Mais, en Iraq, j'ai été confronté à des images qui dépassent tout entendement humain. Les dispositions de l'homme – plus précisément, celles des agresseurs, des Etats Unis et des forces de l'OTAN –, à commettre des crimes inhabituels sur lesquels il n'a pas jusqu'à présent de reportage – et la vérité n'a pas encore été dite sur l'Iraq –, nous éclairent ce qui sera le sort de l'humanité si la dominance impérialiste sur le monde n'est pas écrasée. Je n'y ai rien rencontré qui déclencherait une révision de ma pensée ou qui provoquerait la ruine de mon appréciation de la situation mondiale. Je n'ai cependant pas pu m'imaginer que des hommes/ agresseurs seraient capables de telles formes de crimes, dont la presse et les médias n'ont rien rapporté. Comme nous l'avons dit, il y a trois ans, la guerre contre l'Iraq est un cas modèle. A coup sûr, les guerres futures seront ainsi. Les hommes doivent se préparer à appliquer de nouvelles formes de guerre pour lesquelles l'Iraq a servi d'essai. Ces affirmations que j'énonce, ne sont pas un étalon pour la conscience générale.

Quant à l'actualité et nécessité du sujet que je traite ici: Nous avons tous ensemble vécu la chute du socialisme historique, nous avons aussi vécu la légèreté dont la gauche a fait preuve, tant en Europe que dans le monde entier, et son insouciance vis-à-vis de cet événement. Une partie de la gauche était de l'avis que le socialisme historique était en principe un révisionnisme, opportuniste, réformiste et qu'il se précipitait en tous les cas vers sa ruine. Cette partie de la gauche se sentait réhabilité comme « non-révisisionniste »; d'autres, avant tout ceux qui étaient proche du socialisme réel, concédèrent qu'il y avait des erreurs, de la corruption et de la déformation, mais ceux-ci n'étaient pas prêts à la critique de fond. Jusqu'à aujourd'hui, cinq ans après les événements dramatiques en Europe de l'Est, il n'y a pas de critique et d'appréciation fondamentales de ces événements.

Les dernières quatre ou cinq années, nous avons vécu la ruine de la gauche et des groupements cohérents anticapitalistes et anti-impérialistes en l'Occident; et aussi ce que l'on désignait par le mouvement communiste

international. Tout cela s'est mis brusquement en décombres. Avant cette ruine, chaque pays était fier de son parti communiste. Le mouvement de la gauche était fier de ce qu'il y avait eu en chaque pays des groupes et des organisations communistes. Si cela se produit encore aujourd'hui dans une mesure considérable, c'est l'exception. Mais la règle était qu'il s'ensuivit en général la ruine non seulement des groupes marxistes et communistes orthodoxes, mais aussi du mouvement communiste international. Actuellement, il y a une fatigue qui empêche une reconstruction. Tu ne trouveras guère quelqu'un qui t'accueillerait les bras ouverts pour discuter longuement sur le sujet comment un mouvement révolutionnaire peut être constitué. Les gens en sont fatigués. Cela a ses causes et ne s'est pas produit spontanément; cela a son fondement. Quand quelqu'un s'apprête à réfléchir et à se poser ces questions, cet homme ou ce groupe encourt beaucoup plus de difficultés qu'il y a cent ans. Il y a cent cinquante ans, il n'y avait d'autre sujet que celui de l'édification d'un mouvement révolutionnaire.
Si tu avais demandé aux gens de cette époque quel sera l'aspect du monde en 1996 – vu à partir d'un point de mire qui se situe il y a 220 ans ou 150 ou 100 ans –, ils auraient répondu que c'était assurément la société sans classe qui entre en vigueur avec les fêtes millénaires et que tous les hommes seraient libérés du joug capitaliste, de l'exploitation et de l'oppression. Il y aurait alors le paradis sur terre. Si ces hommes auxquels tu aurais posé tes questions, avaient été des sceptiques, ils auraient alors répondu: « Si cela ne sera pas le cas, il y aura la fin totale de l'humanité. Il y aura alors le vandalisme où chacun lutte contre chacun, et la survie sur terre ne sera pas non plus possible. » Guère personne n'aurait pu s'imaginer concrètement que nous aurons aujourd'hui une situation beaucoup plus défavorable pour la construction d'une société socialiste, communiste, d'un monde libre d'exploitation et d'oppression.

Apparemment, il y a maintenant sur tous les plans une situation que personne n'a prévue. Or, l'histoire veut que ce sont nous, c'est-à-dire notre génération, qui sommes placés par l'histoire pour en décanter la problématique. Nous sommes nés en tant qu'hommes dans une époque que nous n'avons pas choisie, et nous sommes confrontés à des situations que nous n'avons pas choisies librement. La sagesse ne consiste pas à choisir le lieu et le temps de son existence, mais à utiliser et recréer à nouveau le lieu et le temps dans lesquels nous sommes nés. Pour pouvoir faire cela, la critique, l'auto-appréciation et la réorientation sont nécessaires. Réorientation, appréciation, auto-appréciation, critique, expliquer tout ce qui en était la cause, tout cela, personne ne le fait. C'est notre tâche.

On peut aujourd'hui développer la critique du marxisme; c'est faisable. Il y a dix ans que moi et d'autres, nous étions sur le point de faire la critique du marxisme; cela n'était pas faisable. Cela n'était pas faisable non pas parce que la droite aurait exercé contre nous la terreur, mais à cause de la gauche, les marxistes et les léninistes. Ils étaient les facteurs de cette terreur contre la critique et les démarches critiques par rapport au marxisme. Admettons qu'il y a dix ans, la droite, le capitalisme, l'impérialisme, la littérature et la culture bourgeoises étaient pleinement engagés sur la vague de l'anti-communisme. Mais c'était normal que la droite se comportait ainsi. Le marxisme, les organisations et les groupes marxistes s'en accommodèrent. Ils tolérèrent l'anticommunisme de la droite, mais ils ne tolérèrent pas une critique révolutionnaire du marxisme. Ils ne tolérèrent pas qu'on disait pourquoi la révolution échoue. Cela n'était pas possible. C'est-à-dire que toi, comme partisan de la gauche, tu devais être beaucoup plus prudent quand tu faisais la critique du marxisme, que lorsque tu faisais la critique de l'Etat bourgeois. Ou inversement, quand la droite critiquait le marxisme, elle n'avait rien à craindre de la part des marxistes, car cela était normal, cela faisait partie du jeu. Mais lorsqu'il y avait une critique du marxisme à partir d'un point de vue et d'une perspective de la gauche, révolutionnaire, c'étaient les groupes marxistes qui écrasaient une opposition de gauche. Cette critique est aujourd'hui possible – je le regrette –, parce que les marxistes ne représentent plus une force sociale. Maintenant que tout a été détruit, ils se sont détruits eux aussi. Voilà pourquoi ils ne peuvent plus s'opposer à une critique du marxisme. Donc, nous ne nous réjouissons pas de ce que, finalement, on peut entreprendre ces démarches. Ma critique du marxisme n'est pas nouvelle. Moi-même, je suis allé à l'école marxiste et je me suis efforcé de développer une réception du marxisme qui reconnaît les meilleurs critiques du marxisme et en adopte et en accepte les points de vue; j'ai été aussi directeur d'entraînements marxistes.

Je n'ai pris conscience de ma critique du marxisme que peu à peu. J'ai reconnu, dans les conversations avec les camarades féminins et masculins, une disposition variée à la réflexion, mais même cette disposition à la réflexion et à la critique était très limitée. Aujourd'hui même, on ne peut pas dire qu'il y ait une conscience révolutionnaire des suites et des dangers du marxisme. Cela va de soi. Aujourd'hui, on ne peut pas dire que les forces révolutionnaires soient conscientes du péril du marxisme. Aujourd'hui, on ne peut pas dire que les mouvements et organisations révolutionnaires soient conscients de ce que le marxisme est l'une des raisons les plus importantes pour l'échec de sa propre lutte, pour les défaites de la révolution. J'essaierai de le démontrer et de l'expliciter; à dire vrai, plutôt dans le but de clarifier ma propre position. Il ne s'agit pas pour l'instant de former des fractions opposées – pro-marxistes et anti-marxistes. Ce n'est sans doute pas une vraie opposition idéologique, mais il s'agit sûrement de ce que nous comprenions nous-mêmes comment il est possible d'acquérir une conscience révolutionnaire, cette dernière étant le plus important. Si nous examinons notre marxisme, il s'agit en premier lieu de corriger notre orientation révolutionnaire, de la renforcer, de la perfectionner et de la rendre plus apte aux actions. En rapport avec ce qui précède, je dirais qu'un nombre très élevé de marxistes dans le monde, hommes et femmes, un grand nombre de jeunes gens révolutionnaires a projeté ses propres espérances, désirs et rêves dans le marxisme – je le sais par expérience, surtout par rapport aux situations révolutionnaires des pays tricontinentaux auxquels j'ai rendu visite ou dont je connais la situation indirectement. C'était l'espoir de ces jeunes gens d'un monde libre, de libération, de dépassement de l'exploitation et de l'oppression. Ils se sont dit à eux-mêmes que le marxisme représente tout cela. C'est pourquoi ils se sont désignés comme marxistes. Une partie infime d'eux a vraiment lu le *Capital*, mais ils ont imaginé tout ce qui serait contenu dans le *Capital*; ce serait exactement tout ce qu'ils se sont promis à eux-mêmes. Peut-être que quelqu'un a lu le *Manifeste communiste* ou un autre essai de Marx ou ni l'un ni l'autre, mais il s'est dit que le marxisme est la théorie de la révolution, la théorie de la libération. Ainsi, ils étaient des marxistes et ils attribuaient au marxisme vraiment beaucoup de choses dont le marxisme est dépourvu et dont il n'y a pas de traces écrites dans l'œuvre de Marx. De cette façon ne se comportaient non seulement des gens simples, mais aussi de grands érudits. Le sociologue allemand Max Weber que la sociologie allemande et germanophone a désigné comme père de la sociologie, a écrit vraiment beaucoup sur l'économie, la société et la politique. Il enseignait à Heidelberg et mourut en 1928. Il a aussi critiqué Marx et, d'un point de vue bourgeois, le marxisme. Ceci est de règle obligatoire chez les sociologues et professeurs allemands. On doit lire Max Weber, on doit le connaître.

Ces sociologues apprennent le marxisme à travers de Max Weber, donc à travers une optique anti-marxiste bourgeoise. Il y a des années que j'ai démontré que Max Weber n'a probablement lu aucune œuvre de Marx. Ceci n'est pas difficile de démontrer parce qu'il attribue à Marx des théories que Marx n'a jamais professées et qu'il n'a pas pu professer puisqu'elles sont en contradiction complète avec sons système, mais dont chacun croit que Marx a dû les avoir dites. Une théorie typique de cette sorte est celle de l'appauvrissement absolu. Tout le monde croit que Marx a professé cette théorie selon laquelle l'homme dans la société capitaliste – donc l'homme caractérisé par l'appartenance à une classe, l'ouvrier, le travailleur – s'appauvrit jusqu'à devenir absolument pauvre. Personne ne fut choquée par cette interprétation. Au cours des dernières 60 à 70 années, personne ne s'est donné la peine de vérifier si Marx a réellement professé une telle opinion. Autrefois, j'ai revu l'ensemble de l'œuvre de Marx spécialement sous cet aspect pour résoudre la question de savoir d'où Max Weber pourrait avoir tiré cette opinion et si ce grand érudit aurait pu la trouver réellement chez Marx. La théorie de l'appauvrissement absolu ne se trouve nulle part chez Marx! Marx ne l'a pas professée. Il ne pouvait pas la professer parce qu'elle mènerait sa propre théorie du salaire, la théorie marxienne du salaire, à l'absurde; celle-là est dans un rapport de contradiction direct avec celle-ci. Par cet exemple, j'ai voulu montrer qu'il n'est pas rare que des gens imaginent quelque chose que Marx pourrait avoir dit, et que ces gens disaient par conséquent: « Nous sommes des marxistes. » A vrai dire, ils disaient: « Nous voulons être des révolutionnaires, nous voulons mener la lutte de libération et notre arme théorique est le marxisme. » Ils ont fait trop d'honneur à Marx. Le comportement révolutionnaire, Marx ne le professait du moins pas par cette argumentation. Soit dit en complément que je pense que l'Etat bourgeois, peut-être aussi l'impérialisme à l'échelle mondiale, a œuvré très habilement pour la propagation du marxisme. Nous – je veux dire par nous, les camarades, femmes et hommes, qui ont une expérience politique plus longue, et moi-même, je vis, par exemple, depuis très longtemps dans la République Fédérale d'Allemagne –, nous connaissons le fait que si l'Etat bourgeois veut rendre populaire une organisation de gauche, on lance des attaques habiles contre cette organisation afin que le grand public acquière l'impression qu'elle est gênante, qu'elle est vraiment dangereuse pour l'Etat et que celui-ci concentre ses efforts sur elle puis qu'il persécute ses adhérents. De cette façon, on rend populaire une organisation. L'Etat bourgeois ne reste ni indifférent ni les bras croisés par rapport à l'évolution de la culture de gauche, et il essaie d'intervenir dans cette culture politique pour rendre populaires les organisations qui devraient être populaires selon son avis. D'autres, qui sont persécutés, sont entourés d'un silence total. On n'en parle pas pour ne pas leur donner une publicité. Mais si une organisation est mentionnée dans un journal et que tout le monde est au courant de cette organisation, cela ne signifie pas pour autant qu'elle est l'enfant favori de l'Etat bourgeois. Mais on doit se poser la question de savoir pourquoi une organisation est rendue populaire et présentée au public par les médias.

Le marxisme n'a pas été combattu de façon univoque par l'Etat bourgeois; par exemple, le marxisme fut enseigné dans beaucoup d'universités impérialistes et capitalistes sans que l'enseignement fût dérangé ou, du moins, son enseignement était toléré d'une certaine façon. Son enseignement était très souvent diffamatoire et déformant, mais chacun savait qu'il y avait le marxisme. La littérature marxiste peut être achetée aujourd'hui en masse sans beaucoup d'argent dans chaque librairie bourgeoise capitaliste. Autrefois, beaucoup de choses étaient confisquées, mais c'était rare que la littérature marxiste tombait sous le coup. Ce que je viens de dire n'est pas une preuve, mais on ne devrait pas supposer que l'Etat bourgeois a vu dans le marxisme le diable, ou pour citer Marx: « L'esprit hante l'Europe. » L'esprit en Europe n'est certainement pas le marxisme. D'ailleurs, au temps où Marx a écrit cette phrase, le marxisme n'avait pas encore pris forme. Evidemment, il est nécessaire de voir beaucoup de choses avec un œil critique.

Il y a une chose qu'on n'a pas vue: comment le marxisme est né. On doit distinguer Marx et son œuvre d'un côté et le marxisme de l'autre. Ce sont deux choses différentes. De façon univoque, le marxisme s'est fait jour comme politique de force, comme moyen de politique de force et cela dans la forme de la construction suivante. Le terme de marxisme existe déjà chez Lénine. Mais c'était Staline qui a fondé le marxisme-léninisme comme une école. En 1928, un congrès de parti du PCUS a élevé le marxisme-léninisme à la dignité de l'idéologie du mouvement communiste mondial. Ceci a été conçu sans ambages et du moins pratiqué dans la réalité comme moyen de puissance de l'Etat soviétique. On disait que la révolution a été victorieuse dans l'Union Soviétique, donc l'URSS est la porteuse, la représentante et le défenseur de la révolution mondiale. Chaque mouvement communiste dans le monde était obligé d'appuyer l'Union soviétique, car elle était porteuse de la révolution mondiale, du communisme, elle seule a élevé le marxisme-léninisme au rang d'idéologie officielle d'Etat. On exige de tous d'appuyer l'Union Soviétique et on ne doit pas sous-estimer cela. Plus tard, le communisme se réduisait à l'appui de l'Union Soviétique. Celui qui était communiste dans les premiers temps de l'URSS, donc avant le 20ème congrès du PCUS, avant la scission du mouvement communiste mondial, celui-ci devait appuyer l'Union Soviétique. Et celui qui était contre l'Union Soviétique n'était pas un communiste. Ceci a engendré des déformations dramatiques. Beaucoup de mouvements ont échoué précisément en abordant cette question; et cela non seulement après 1956, après Khrouchtchev, mais déjà avant lui, de sorte que l'idéologie du marxisme conçue à l'origine comme moyen de libération, est devenue, à beaucoup d'égards, fatale pour le mouvement communiste mondial. Cet aspect de la question – la pratique du marxisme et sa théorie en tant qu'idéologie de l'Union Soviétique – n'est pas au centre de notre considération et ne forme pas le sujet de ce livre.

Le sujet en est l'imaginaire marxiste. Qu'est-ce que professe Marx? Ceci est facilement vérifiable, car l'œuvre de Marx peut être achetée en sa totalité pour relativement peu d'argent ou on peut le lire dans une bonne bibliothèque publique où la lecture est gratuite. En fait, tout est vérifiable et tout le monde peut s'assurer si cela est vrai ou faux. L'objectif éducatif et cognitif n'en est pas constitué par la pratique et la politique hégémoniale des parties communistes, de l'Union Soviétique ou de la PCUS, et qui a affaibli, défait et détruit la révolution mondiale, mais l'objectif est de montrer comment les idées marxiennes sont en contradiction avec les idées révolutionnaires; que les idées marxiennes ne sont en rien révolutionnaires, qu'elles ne sont pas anti-impérialistes et qu'elles sont, par passages, racistes ou du moins eurocentriques. Ceci est l'un des objectifs cognitifs. Nous soumettons les idées marxiennes à l'examen. Nous les examinons à partir de son œuvre même et nous devrions être d'accord sur le point qu'en cette matière, c'est le recours à l'œuvre même qui est décisive. Naturellement, je ne pars pas de la conviction de croire que ce que je viens de dire, constitue un consensus parmi vous, et je ne pars non plus de la croyance que ce consensus sera établi à la fin de la lecture de ce texte. Loin de cela; on doit se donner le temps. Ce sont surtout ceux des camarades, femmes et hommes, parmi nous qui sont confrontés pour la première fois, de cette manière, avec la critique radicale, qui doivent se donner du temps. Je sais par mon expérience propre combien le chemin qui m'y a amené, était difficile, et je concède aux autres les mêmes hésitations. La critique que je soumets ici à la lecture, sert à l'compréhension de soi-même. Il doit rester réservé à la discussion de clarifier comment je comprends ce détail ou un autre, comment j'en donne raison et comment je l'assume personnellement. Cependant, si cette façon de critique est nouvelle pour toi, alors tu devras prendre réellement ton temps.

Deuxième chapitre

Marx, dans le contexte historique.

Karl Heinrich Marx est né à Trèves le 5 mai 1818 et mourut à Londres le 14 mars 1883. Après des études de droit et de philosophie, il travaillait de 1842 à 1843 comme rédacteur en chef du journal libéral « Rheinische Zeitung » à Cologne. En 1843, il alla à Paris où il fit la connaissance de Friedrich Engels en 1844. Sur la requête du gouvernement prussien, Marx fut expulsé de la France en 1847. Ainsi, il vint à Bruxelles où il approfondissait l'amitié et la collaboration avec Engels. En 1847, Karl Marx et Friedrich Engels furent chargés par la direction d'organisation (appelée alors bureau central, siège à Londres) de l' « Alliance des Communistes » d'écrire le « Manifeste communiste ». En 1848, Marx retourna à Cologne où il édita le « Nouveau Journal Rhénan » (« *Neue Rheinische Zeitung* »). Après son interdiction, il déménagea en 1849 à Londres où Marx vivait jusqu'à la fin de sa vie. Pendant des âpres recherches qui duraient vingt ans, naquit à Londres l'ouvrage principal de Marx: « Le Capital ».

Les racines philosophico-historiques de la pensée marxienne.

Déjà pendant sa vie, les œuvres d'Ibn-Rušd nommé plus fréquemment en Europe Averroès, furent traduites de L'arabe en latin. Beaucoup d'étudiant européens franchirent de longues chemins pour suivre ses cours au Maġrib (Maghreb) en al-Andalus sur le territoire de l'Espagne actuelle. A son époque, la péninsule ibérique était arabe. La langue arabe y était la langue officielle et celle de l'enseignement. La culture était arabe. A côté de son auditoire pour la plupart arabe, il y avait aussi des étudiants africains et asiatiques, mais aussi européens qui participaient à ses cours et séminaires. Ainsi, la philosophie et les sciences arabes pénétrèrent déjà au 12ème siècle en Europe. Ibn-Rušd n'est qu'un exemple entre beaucoup d'autres. Certes, il atteignit une signification particulière pour le développement ultérieur de la vie spirituelle de l'Europe. Ibn-Rušd a conduit le rationalisme arabe et le principe de « critique » à un point culminant qui fait apparaître avec raison que toute une tradition philosophique soit appelée d'après lui. Quant à l'Europe, des groupes de travail se formèrent pour étudier l'œuvre d'Ibn-Rušd et d'autres rationalistes arabes qui se réjouirent au 13ème siècle d'une grande attraction et d'une grande diffusion. Il s'agit alors de cercles intellectuels qui n'étaient pas représentatif pour l'ensemble

du climat européen. A cause de son retard extrême et d'un pourcentage d'analphabétisme de presque 100%, le continent européen n'était pas encore mûr pour le rationalisme arabe. Ibn-Rušd (1126-1198) n'était pas dans le monde spirituel arabe un phénomène isolé; il trouve néanmoins sa place parmi les sommités de l'histoire de la philosophie. Ses partenaires égaux dans la discussion ne se trouvèrent pas en Europe, mais dans les écoles riches en tradition de l'Est arabe, en Egypte et en Afrique du Nord. Ses traducteurs vers le latin se recrutèrent parmi son auditoire et ils voulaient répandre le patrimoine d'Ibn-Rušd en Europe contre le cléricalisme et la domination catholique par les dogmes. La diffusion du rationalisme arabe et, en particulier, de la philosophie critique d'Ibn-Rušd était une provocation pour l'église catholique. Depuis lors s'installait l'Inquisition qui durait six cents ans et qui s'était assigné comme but de détruire le patrimoine du rationalisme arabe et, nommément, celui d'Ibn-Rušd. Neuf à dix millions d'hommes furent victimes de l'Inquisition. En Europe, le rationalisme arabe s'installa dans la clandestinité où il survécut sous une protection conspirative surtout à Paris. Il est vrai, qu'il fut largement décimé, mais de le détruire complètement, cela n'était pas possible. Vers la fin du 18ème siècle, l'Inquisition s'affaiblit. Ainsi, le rationalisme arabe connut une renaissance. Il quitta la clandestinité et, ensemble avec lui, la pratique révolutionnaire se montrait au grand jour. Leur premier produit fut la Révolution française. Ces rapports historiques, aucun historien européen ne veut les voir à cause du complexe anti-arabe connu.
Aucun historien européen ne dit qu'en 1789, la Révolution française fut du point de point de vue philosophique un produit du patrimoine d'Averroès et des conséquences politiques du rationalisme arabe. Dès lors, la pratique révolutionnaire se développe en France et se propage dans l'ensemble de l'Europe du 19ème siècle. C'est dans ce climat rebelle et cette dynamique révolutionnaire, que fut né Karl Marx. Dans les biographies conventionnelles – tant les bourgeoises que les marxistes –, on présente Marx comme quelqu'un qui a tramé une révolution. Cela n'est pas exact. En réalité, c'est exactement l'inverse. La représentation que les gens d'aujourd'hui ont de Marx, grâce aussi à une fausse élaboration systématique de l'histoire par le socialisme historique et, en particulier, par la RDA parce que Marx a bien écrit en langue allemande et que la recherche marxiste a été très évoluée en RDA, donc cette représentation est anhistorique. C'est la conséquence d'une manipulation stéréotype des faits et rapprochements historiques qui écarte les racines extra européennes, en particulier arabes de la culture européenne. On coupe le climat spirituel et philosophique de la réalité dans laquelle Marx a grandi. Il n'a pas créé un mouvement révolutionnaire ou

mis en scène quelque chose, mais il a été saisi lui-même par les flammes de la révolution. Ceci est important à savoir.
Les arabes furent les premiers qui, non seulement, ont développé la théorie de la société organisée selon les principes du socialisme, mais aussi ils l'appliquèrent. La révolution victorieuse des Qarmaṭs réalisa leurs idées. La première société qui était organisée politiquement et économiquement selon des critères communistes et qui avait son centre et sa capitale sur l'île d'al-Baḥrain, était née autour de l'année 900 p.c. Cet Etat sans classes jouissait d'une fascination qui rayonnait sur tous les trois continents du vieux monde. L'Europe réagit par les croisades qui, contrairement à leur propre propagande, ne se dirigèrent pas contre le califat, mais contre le communisme arabe. Il est vrai que l'Etat Qarmaṭ fut écrasé après avoir existé deux cents ans, mais le socialisme, des expériences socialistes et des communes n'ont jamais cessé de vivre sur le territoire du monde arabe. De même, le contact avec des camarades et cellules européens fut maintenu. L'échange par les voyages entre les communistes du Sud et leurs amis du Nord a stimulé les courants socialistes pendant la Réforme. La communication réciproque fut maintenue jusque dans le 19ème siècle. Dans la première moitié du 19ème siècle, l'Europe était riche en communautés socialistes. Une organisation s'appelait « Socialisme vrai ». Un tel titre – attribué à tort ou à raison – permet de conclure que beaucoup de courants socialistes étaient dans une compétition constructive l'un avec l'autre de sorte que les uns prétendent d'être plus « vrais » que les autres.
Nous pouvons reconnaître souvent dans l'usage allemand des formations linguistiques du discours socialiste qui permettent de conclure que vraisemblablement elles sont traduites à partir d'une formation originale arabe. Ainsi le montrent les organisations politiques les plus importantes: « Bund der Geächteten » (en français: « Alliance des proscrits », en arabe: « mustaḍʿ afūn », « maḥrūmūn », « muʿdamūn ») et « Bund der Gerechten » (en français: « Alliance des justes » ce qui est, il est vrai, une traduction textuelle de « ʿadl », « ʿadāla », mais l'expression arabe a en opposition à l'usage allemand un rapport clairement social dans le sens de la « justice sociale »).
Tant le « Bund der Geächteten » que le « Bund der Gerechten » ont, non seulement sous l'aspect historique formel, un rapport à la tradition des mouvements arabes de justice. Marx a été confronté à des organisations qui avaient une longue tradition communiste avant même qu'il ne fût devenu lui-même communiste.
La révolte des tisserands déchaînait une large discussion publique qui, à partir des années 1844/45 déclenchait d'en bas un nouvel essor de la vie

politique. Dorénavant, la question sociale ne saurait plus passer sous silence en Allemagne. Personne en cette époque ne pouvait esquiver la question de la « Révolution ». De grands et de petits écrivains s'occupaient de ce sujet. La littérature jouait un rôle exemplaire pour l'ensemble de la vie culturelle. Le théâtre, les arts et, non en dernier lieu, les sciences tournaient autour de sujets d'importance pour la révolution. La pièce de théâtre *Les Tisserands (Die Weber)* qui reflète des situations authentiques, n'est qu'un exemple. *La Mort de Danton* de Büchner et d'autres pièces de théâtre sont symptomatiques. Elles témoignent du fait que les gens de l'époque, bien avant que Marx ne découvrît ce créneau présumé, s'occupaient de ces questions en théorie et en pratique et qu'ils étaient peut-être bien plus avancés que Marx.

Au départ, Marx appartenait à un faible courant politique d'intellectuels de gauche qui discutait les questions concernant le changement et la continuité dans l'histoire dans une perspective académique. C'était l'école hégélienne. Hegel avait vécu de 1770 à 1831 et, après sa mort, ses élèves se divisèrent et se polarisèrent en deux courants qui étaient surnommés selon l'usage de l'époque les hégéliens de droite et les hégéliens de gauche, cette dernière division était appelée à l'époque aussi de façon plus populaire « les jeunes hégéliens » (Junghegelianer). Ces jeunes hégéliens étaient plutôt favorable à un changement. Bien sûr, je dois naturellement admettre que Hegel lui-même n'étaient point un révolutionnaire ni de gauche. On lui attribue cette tendance aujourd'hui à tort. Il était un philosophe d'Etat. L'Etat prussien qui pratiquait déjà à cette époque une politique extrême d'interdiction professionnelle, n'avait rien à objecter contre Hegel. Tout le contraire, il était protégé et avancé de façon que toute l'époque a été nommée simplement d'après lui. D'autres, par contre, ont été atteints dans leur honneur et par la répression, tel par exemple Ludwig Feuerbach.

« Mes études de la jurisprudence
que je n'ai cependant suivies que comme discipline subordonnée
à côté de mes études de la philosophie et de l'histoire (...) »
(Karl Marx dans l'avant-propos à
« Critique de l'économie politique »)[1]

Troisième chapitre

Vita – Formation et biographie politique de Marx.

Après l'exposition du contexte de l'histoire philosophique de la cosmovision de Karl Marx, j'exposerai sa vie proprement dite. Il est superflu de dire que le centre de notre intérêt est la biographie politique. Ceci implique l'exposition de l'aspect de la manière comment son chemin de formation s'est développé.

1818 à 1838
Karl Heinrich Marx naquit le 5 mai 1818 à Trèves (à l'époque faisant partie de la Prusse rhénane). L'aisance de son milieu familiale lui permit de fréquenter le lycée et de commencer des études supérieures. Il obtint le baccalauréat. Il fut obligé de quitter la ville de Trèves parce que son père avait adopté en 1824, après la conquête de ce territoire par la Prusse, le christianisme dans sa forme prussienne, c'est-à-dire le protestantisme. Ensuite le territoire fut reconverti au catholicisme et les protestants furent chassés. Donc, l'opportunisme du père qui ne se convertit au christianisme-protestantisme que pour des raisons d'assimilation, ne lui servait à rien. Quelques uns interprètent ce fait comme étant la raison de la radicalisation de Marx, de sa position athée et anticléricale.

1838 à 1841
Marx a poursuivi ses études universitaires et a présenté un doctorat. Sa dissertation qui est le travail écrit pour le degré du docteur, avait pour objet les philosophes grecs matérialistes, en particulier Epicure et Démocrite. On reconnaît encore une fois les intérêts matérialistes du jeune Marx. Il est évident qu'il s'efforçait dès un âge précoce de connaître la tradition

[1] Karl Marx, *Critique de l'économie politique*, avant-propos (1859); MEW 13, 7.

philosophique matérialiste. A 1839 remontent sept cahiers in-folio qui contiennent des travaux préliminaires importants par rapport à la philosophie épicurienne, stoïcienne et sceptique. En 1841, Marx avait alors 23 ans, il déposa sa thèse de doctorat qui avait pour titre: « La différence de la philosophie de la nature démocritéenne et épicurienne. » Dans la perspective d'obtenir une chaire de professeur, Marx alla à Bonn. Entre-temps, la politique prussienne de l'interdiction professionnelle avait été rendue plus stricte. Les hégéliens de gauche furent chassés de la vie académique ou ils ne furent simplement pas nommés. Depuis 1832, Ludwig Feuerbach était obligé de vivre dans une perspective où toute chaire lui serait refusée. Une décennie plus tard, Bruno Bauer, le maître de Karl Marx, fut renvoyé – tous les trois sont des jeunes hégéliens. Marx prit très vite ses distance par rapport à ce projet de vie universitaire.

1842

Depuis 1839, l'Europe menait, sous l'égide prussienne, de plus en plus de guerres d'agression contre les peuples arabes. En Allemagne, la mobilisation battait son plein. Les jeunes gens mourraient sur un territoire étranger. A cet époque – et d'avantage encore dans les années à venir –, Friedrich Engels et Karl Marx s'exerçaient avec leur plume et s'occupaient de sujets politiques. Cependant, ils ignorèrent totalement cette question décisive. Rien n'y fut changé lorsque dans les années 40 les agressions coloniales prussiennes et européennes battaient son plein. Marx et Engels étaient déjà à cette époque des publicistes connus. En éliminant la question coloniale, ils contribuaient d'une manière décisive que le colonialisme allemand et de l'Europe occidentale a pu s'établir. En 1842, tant Marx qu'Engels s'occupent indépendamment l'un de l'autre de questions concernant la politique en Prusse, en Allemagne et en Angleterre; l'invasion de ces pays dans des territoires extra-européens sera cependant prudemment exclue. En avril 1842, Marx devint collaborateur de la « *Rheinische Zeitung für Politik, Handel und Gewerbe* » (« Gazette rhénane pour la politique, le commerce et l'industrie » qui parut du 1er janvier 1842 au 31 mars 1943). A partir d'octobre 1842, Marx en fut le rédacteur en chef.

1843

Depuis 1843, la conscience de Marx et d'Engels devient de plus en plus politique, nonobstant ils mettent entre parenthèses dans leurs analyses l'impérialisme européen qui s'intensifie toujours davantage. La politique rédactionnelle de Marx est celle de dévier des questions de fonds de la stratégie globale de l'impérialisme et d'adopter une orientation sur de contradictions mineures qui ont cependant une taille suffisante pour attirer l'attention du publique. Il ne s'y trouve aucune critique de l'impérialisme. C'est non seulement leur propre culture politique de passer sous silence les faits vraiment important; indirectement et non rarement, le colonialisme et l'impérialisme sont approuvés par les deux auteurs classiques.

En 1843, Marx, âgé alors de vingt cinq ans, était en train de commencer sa carrière professionnelle. Trois postes de prestige s'offraient à lui, mais il ne pouvait prendre son service que dans un seul:

a) un professorat à l'université de Bonn ne sera pas commencé;
b) rédacteur en chef de la « *Gazette rhénane pour la politique, le commerce et l'industrie* » (qui correspond à l'actuel *Handelsblatt*); Marx et le grand capital allemand se décident pour ce poste;
c) rédacteur en chef du « *Preussische Staatszeitung* » (« Journal prussien de l'Etat »), un office où Marx n'entra pas.

Dans l'historiographie s'y rapportant manque l'indication de cette troisième offre. Déjà Lénine qui a écrit sa biographie de Marx dans les mois de juillet à novembre 1914[2] et qui y souligne beaucoup de détails, fait disparaître simplement la proposition selon laquelle on avait prévu de confier pratiquement à Marx la position d'un chef de propagande de l'Etat réactionnaire. Les chroniques de la R.D.A. qui prétendent de saisir toutes les dates biographiques de Marx, se taisent à ce sujet tout comme d'autres biographes. Marx lui-même devait cependant admettre certains liens à l'Etat prussien après qu'il fut interpellé publiquement. Lorsqu'il écrivit par exemple le 10 avril 1871 à Wilhelm Liebknecht, Marx était apparemment sous le coup de rendre compte de ses activités[3].

Le 17 mars 1843, Marx démissionna de la rédaction der la *Gazette rhénane*. Ses activités dans la *Gazette rhénane* portaient Karl Marx au centre du débat politique. Il devait se pencher jour pour jour sur les questions sociales et économiques. Cette ligne, Marx la poursuit aussi après sa démission. Le 19 juin 1843, Marx épousa son amie de jeunesse, Jenny von Westphalen, dans la ville de Kreuznach. Elle était originaire d'une famille aisée et très réactionnaire dont était issu le ministre de l'intérieur de la Prusse, le frère aîné de Jenny et qui devait être à la tête de la répression contre les communistes dans une des époques les plus sombres de 1850 à 1858. Marx qui venait de se marier et qui était en chômage, changea de domicile fin d'octobre 1843 en allant à Paris, et laissait sa femme en Allemagne.

---

2 V. I. Lénine: *Karl Marx* – Bref abrégé biographique avec une exposition du marxisme (écrit à l'origine pour le lexique des frères Granat sous le titre « Karl Marx » et publié ensuite en 1918 comme une brochure indépendante), Moscou: 1918.

3 MEW 33, p. 200-201

« Etre radical signifie saisir la racine du problème. »
Karl Marx, *Critique de la philosophie de droit de Hegel*, 1844

Quatrième chapitre

1844
A Paris, Marx décida de continuer ses activités d'écrivain et fonda avec Arnold Ruge les *Deutsch-französische Jahrbücher (Annales franco-allemandes)* desquelles seul le premier numéro double en février 1844 est paru en langue allemande.

Le principe du radicalisme
Dans les *Deutsch-französische Jahrbücher* parut aussi l'essai « La question juive » (pages 56 à 71)[4]. Pour rendre actuelle le contexte historique, il est nécessaire de rappeler le fait que les revendications politiques primordiales étaient dirigées contre l'absolutisme de l'Etat prussien. Dans ce cadre, les juifs aussi essayaient d'assurer leurs droits civiques.

La question juive

A ce sujet, Bruno Bauer publia *La question juive*[5]. De cette œuvre, Marx a fait une recension, c'est-à-dire une discussion appropriée de ce livre. Il a donné à cette recension le titre « Quant à la question juive »[6]. Bruno Bauer était lui-même issu tout comme Marx d'une famille juive. Les deux auteurs défendaient dans leur traité l' « émancipation ». Pour bien comprendre la discussion, on ne doit pas s'accrocher au motif formel de la « question juive ». Il s'agit plutôt du principe de la question « Que signifie l'émancipation? », posée ici par rapport à l'exemple des juifs. Par cet écrit, le jeune Marx se présente déjà comme un auteur radical d'une grande capacité critique. Il dit que ce qui est le but de Bruno Bauer, sert à sanctionner et stabiliser la société des Etats corporatifs. Il veut obtenir les droits civiques pour les juifs ce qui ne veut dire rien d'autre que ces derniers participent aux privilèges et Etats corporatifs de la société bourgeoise et maintiennent ainsi celle-ci en vigueur. Par la garantie de droits valables pour une minorité, ils ont stabilisé et raffermi la société entière.

---

4 *Deutsch-Französische Jahrbücher*, éd. par Karl Marx et Arnold Ruge, Paris 1844.
5 Bruno Bauer, *La question juive*, Braunschweig: 1843.
6 Dans la même exosition, Marx fait aussi une recension d'un deuxième écrit du même auteur: B. Bauer: L'aptitude des juifs et chrétiens d'aujourd'hui à se libérer. Vingt et un feuilles provenant de la Suisse, éditées par Georg Herwegh, Zurich et Winterthur, 1843, p. 56-71

Et Marx d'écrire à la fin de l'article – il s'agit d'une composition assez longue contrairement à ce qu'évoque le mot « recension » qui fait penser à deux pages dans un journal; mais la recension est devenue extrêmement explicite: « L'émancipation sociale des juifs est l'émancipation de la société de la judaïcité »[7].

C'est naturellement une phrase très progressiste et extrêmement émancipatrice. Selon celle-ci, autant que les hommes sont divisés en telle et telle classe, il n'y a point d'émancipation. Cette article offusque tous les Zionistes et bourgeois, car il montre aussi que les libertés bourgeoises ne sont point de libertés, mais en réalité des servitudes. Mais personne ne peut à bon droit critiquer cet article, car celui qui l'a bien compris, reconnaît que cet article fait foi au plus haut degré d'une conscience émancipatrice. J'ai lu vraiment beaucoup de critiques de *La Question juive* marxienne. Ou bien les pensées de Marx sont altérées par méchanceté ou bien on ne les comprend pas parce qu'elles dépassent l'entendement des lecteurs, des prétendus critiques. Le motif de l'œuvre marxienne, à savoir l'écrit de Bruno Bauer, a été enseveli par l'oubli, et personne ne s'y intéresse aujourd'hui. L'objet de la discussion est devenu l'écrit marxien. Je ne me rappelle pas d'une seule critique où l'on cite le texte marxien correctement et que l'on attaque vraiment les thèses défendues dans cet article; au contraire, les thèses sont toujours falsifiées. Ce sont ces thèses falsifiées qui sont attaquées par les critiques de Marx. On réduit la pensée marxienne à son propre niveau qui, lui, se prète à la critique; ensuite on attribue à Marx ce niveau et critique ce dernier. Ainsi il y a des bruits dans l'air comme si Marx est antisémite etc., etc. Ceci est absolument faux. Une des tâches d'une critique sincère de l'œuvre de Marx doit donc être celle de le protéger contre une critique injuste et de le réhabiliter. Personne n'a pris jusqu'aujourd'hui la peine de faire un commentaire de la *Question juive* et de la publier en entier et conjointement à cette exégèse pour énoncer alors la raison du pourquoi, si tant est qu'elle est critiquable. Il s'agit plutôt d'allégations et de citations falsifiées qui sont stigmatisées. Nous ne mentionnons qu'en passant que le socialisme historique a procédé, dans sa mise à jour du marxisme, de manière totalement bourgeoise. Dans les *Œuvres choisies de Marx et Engels* – je répète encore une fois, les *Œuvres choisies* et non pas l'édition complète (il y en a trois) – la *Question juive* a été simplement omise pour des motifs opportunistes. Les *Œuvres choisies* prétendent de présenter les travaux fondamentaux des deux auteurs classiques. Sous le

[7] Karl Marx, *La question juive*, écrit d'août à décembre 1843, paru pour la première fois dans les *Deutsch-französische Jahrbücher*, Paris 1844; MEW, t. 1, 347-377, la citation s'y trouve à la page 377.

titre « La Question juive », Marx compose l'un des articles les plus radicaux sur l'émancipation en sa totalité. Et c'est justement cette œuvre qui ne s'y trouve pas imprimée, alors que c'est un des écrits les plus importants de Marx puisqu'il y traite la question complexe des droits fondamentaux et de la société bourgeoise. Il y discute à fond la question de l'émancipation: On en peut adopter quelques points ou les refuser, mais cet écrit porte la marque de l'humanisme.

La question de l'émancipation en général est traitée à fond par l'exemple de l'émancipation des juifs. On cite très souvent la phrase: « L'émancipation des juifs est l'émancipation de la société dans laquelle ils vivent. » Cette phrase ne se rencontre pas dans la *Question juive* de Marx. Mais elle est la phrase la plus connue de cette « question juive » que Marx aurait prétendument employée. Elle ne s'y trouve en effet pas. Il est vrai que des phrases telle que « l'émancipation des juifs est l'émancipation de la société dans laquelle ils vivent », ne sont en réalité pas fausses, mais elles sont trop triviales pour la pensée marxienne. Elles représentent des évidences qui disent à la fois tout et rien. Le fait de l'attribuer à Marx, montre le besoin des hommes de disposer d'outils mnémotechniques qui fuient les véritables problèmes de la réalité. Ce que Marx a écrit, ne plaît pas aux gens qui veulent néanmoins être des marxistes ou, au moins, se référer à lui; voilà pourquoi ces gens passent à la simplification. Ceci est peut-être un symptôme typique pour la mise à jour de Marx. Nous voulons ne pas être injuste envers Marx, mais séparer le bon grain de l'ivraie. Ce qui est important au moment où il écrit la *Question juive*, c'est que Marx n'est évidemment pas encore un matérialiste conséquent, mais il est devenu un homme politique et un penseur radical.
Les chercheurs marxistes ont la coutume de ranger l'auteur, quant à la composition de la *Question juive*, parmi les démocrates radicaux; c'est un passage important, mais bref dans la vie de Marx. Après sa publication, Marx continuait la polémique avec Bruno Bauer et critiquait de plus en plus durement les travaux de celui-ci jusqu'à ce que les deux se séparèrent d'une manière définitive non seulement sur le plan politique, mais aussi sur le plan personnel.
Par rapport à l'ensemble de l'œuvre de Marx, la *Question juive* avait une importance capitale pour l'évolution ultérieure de l'épistémologie marxienne. D'ici jusqu'au matérialisme dialectique et à la théorie de la luttes des classes, l'évolution marxienne est sans rupture et assez rapide.

Karl Marx

Cinquième chapitre

Les éditions des écrits de Marx et d'Engels

Comme j'ai parlé des œuvres choisies et de l'édition complète, je vais consacrer quelques lignes aux éditions de l'œuvre marxienne. On verra le degré auquel le propre Marx a été rendu idéologique. Avec chaque tournant politique, sa réception changeait.

I. La première édition: MEGA (=Marx-Engels-Gesamtausgabe)
Avant le tournant révisionniste du XX. Congrès du PCUS, le mouvement communiste s'était proposé la tâche de faire une édition révolutionnaire de Marx. Le projet avait le titre de la « MEGA » (= Marx-Engels-Gesamtausgabe, en français: Edition complète de Marx et d'Engels). Après ce tournant, la MEGA disparut. Cette première édition complète a aujourd'hui plutôt une valeur bibliophile.

II. L'édition MEW (= Marx-Engels-Werke)
Un nouveau projet fut attaqué: L'édition MEW (Marx-Engels-Werke, en français: Œuvres de Marx et d'Engels) commença à paraître et connut une grande diffusion. Au premier coup d'œil, le lecteur ou la lectrice ne reconnaît aucune falsification des écrits. Il s'agit d'une édition fidèle aux mots et qui est exacte d'une manière très désagréable. En quoi donc consiste la manipulation? Les articles des fondateurs du marxisme sont isolés du contexte historique concret; c'est au plus dans l'appendice que l'on fait mention des motifs. Il n'y a pas d'énonciation qui ne soit sans motif historique et sans une situation concrète. Vu indépendamment du cadre spatio-temporel, Marx a l'air d'un auteur abstrait qui se plaît à philosopher dans le vide spirituel et socio-politique.
Cette situation est la cause de que des camarades, hommes et femmes, consultent, dans leurs luttes d'ici et de maintenant, les œuvres de Marx et de Lénine pour trouver une réponse à leurs problèmes dans des conditions sociales totalement changées. Ce qui fut juste à l'époque de Marx et de Lénine peut être complètement erroné aujourd'hui.
La *première* méthode de la falsification consiste donc en ceci que les traités marxiens sont présentés de façon isolée par rapport au contexte historique concret ou, alors, que le contexte de leur genèse est rendu actuel par une manipulation. L'image particulière, que les éditeurs se font du socialisme, est

projetée dans l'œuvre marxienne comme si Marx avait depuis toujours visé cette ligne social-démocratique, syndicaliste, réformiste et révisionniste. La *deuxième* méthode de la falsification se fait jour dans l'appareil critique. Les écrits de Marx et d'Engels ont plus que 150 ans. Les lectrices et les lecteurs ne peuvent se passer des commentaires aux textes, aux événements, aux faits et aux dates. Les remarques et les notes offrent suffisamment de place pour une falsification.

Exemple:
Le traité le plus important de Karl Marx, *Lohn, Preis und Profit (= Salaire, prix et profit;* 1865) se trouve dans le seizième tome des MEW. Il s'agit d'un écrit polémique contre John Weston. Celui-ci était un membre prestigieux de l' « Association Internationale des Travailleurs » (Première Internationale). Aujourd'hui, la plupart des gens ne connaît pas John Weston. Les éditeurs des MEW le présentent par amabilité. Ils écrivent sur sa personne: « Weston a essayé de démontrer qu'une augmentation générale du salaire ne bénéficie pas aux travailleurs, et il en avait déduit que les syndicats ont un effet « nuisible »[8].

Le lecteur de ces lignes est contraint de condamner le camarade Weston, puisqu'il aurait dit une telle bêtise. En réalité, Weston était le porte-parole d'un grand mouvement anticapitaliste qui combattait le système différencié et divisionniste des salaires, qui exigeait la mise des travailleurs sur un pied d'égalité des travailleurs et qui voulait obtenir une tarification homologuée. Il est bien vrai que le mouvement avait pour but de supprimer à long terme le système des salaires. Le mouvement était largement suivi et profondément ancré dans la classe travailleuse. En revanche, Marx ne défendait non seulement le principe du système salarial, mais aussi les différences des salaires et cela aussi en considérant que quelqu'un qui a besoin de plus de temps que la moyenne pour un produit quelconque – parce qu'il était faible, malade, invalide, inexpérimenté ou qu'il travaillait peut-être consciemment plus lentement –, que celui-ci doit recevoir moins de salaire. La *troisième* méthode de la falsification est la publication de la moitié de la vérité. Cette variante est employée avec conséquence lors de l'édition de la correspondance de Marx et d'Engels. Les lettres de leurs correspondants, leurs réponses et leurs critiques ne sont pas publiées. Ainsi, le lecteur obtient une très bonne impression de Marx, puisque nous ne lisons que son plaidoyer, mais ne trouvons point ce que ses contemporains lui reprochaient, qui pouvaient mieux juger, à partir de leur situation, ses

8 MEW, tome 16, note 98 (à la page 623 se référant à la page 101).

positions. La maîtrise de la rhétorique marxienne ne manquait jamais son but. Elle prend d'avantage aujourd'hui, si nous ne connaissons que l'une des opinions de la discussion et que nous n'écoutons qu'un seul des avocats qui avait en plus une formation de juriste.
Quatrième point: Il va de soi que les éditeurs des MEW n'ont pas tout publié, contrairement à leur prétentions. Beaucoup de choses désagréables qui sont à la charge des deux auteurs classiques, ne sont pas portées à la connaissance de la postérité. Ainsi, Marx et Engels apparaissent comme des communistes et philosophes sans taches. Peut-être que mon travail contribue à présenter une biographie plus réaliste.
Cinquième point: Naturellement l' « Institut für Marxismus-Leninismus » auprès de la SED (parti officiel de la R.D.A.) de la R.D.A. d'alors (400 collaborateurs!) n'a pas négligé de faire précéder chaque tome d'une introduction un peu plus longue qui devait assurer la réception souhaitée des œuvres de Marx et d'Engels.

III. La deuxième MEGA

Au zénith de la défiguration du socialisme réel, juste avant sa chute définitive, une deuxième MEGA vit le jour. Elle n'est cependant pas identique avec la vielle édition. On emploie plutôt la bonne renommée de la MEGA pour une édition assez bourgeoise. La deuxième MEGA offre néanmoins des avantages que les MEW n'ont pas. Ce qui est particulièrement important, c'est la reproduction de lettres adressées à Marx et à Engels. Des gloses faites dans leurs propres œuvres ou dans celles d'autres auteurs, ont été respectées même là où elles paraissent inutiles (par exemple des épreuves d'écriture d'Engels où il exerçait sa signature personnelle ou encore des commentaires manuscrits obscènes.
Dans ce qui précède, je n'ai mentionné que des éditions complètes. D'autres publications qui peuvent avoir selon le cas une certaine importance, ne concernent que des travaux particuliers de Marx ou d'Engels. En ce qui concerne les éditions complètes, il n'y a cependant que la première et la deuxième MEGA ainsi que les MEW. Ces dernières accusent la plus grande importance à cause de sa large diffusion.

Les « Œuvres choisies »

En dehors de la recherche scientifique, les éditions complètes n'ont pas de signification majeure. A celui que ne veut pas réduire sa vie de devenir un spécialiste de Marx, il n'est pas recommandé de procéder à une lecture complète des œuvres de Marx. Marx et Engels ont vraiment beaucoup écrit. L'étude de leurs écrits exigerait beaucoup d'années. Ce qui ne serait pas une action révolutionnaire, parce que cela se passerait au prix d'autres activités, et surtout pour la pratique politique, il resterait peu de temps. La plupart des gens qui s'y intéressent, lisent les « Œuvres choisies » où ils espèrent trouver tout ce qui a d'importance par rapport à Marx et Engels. Cela est ce que prétend l'édition des « Œuvres choisies ». En celles-ci ne se trouve cependant pas tout ce qui est d'importance, sinon ce que les éditeurs tinrent pour important. Ainsi, la *Question juive* ne s'y trouve pas parce qu'elle gène l'alliance du socialisme réel et du zionisme. Dans notre projet d'une critique de Marx, nous citons uniformément selon l'édition des « Marx-Engels-Werke »[9]; ce qui est une tendance qui s'est généralisée dans la recherche marxiste.

9 La citation est rendue de la façon suivante: « MEW 16, 101-152 » veut dire: MEW, tome 16, pages 101 à 152. La date entre parenthèses vaut pour l'année de la rédaction originelle. Dans l'exemple précédent: MEW 16, 101-152, (1865) veut dire: L'œuvre *Lohn, Preis und Profit* vit le jour en 1865.

Sixième chapitre

« Les Manuscrits parisiens »

Les années à Paris et la rencontre d'Ibn-Ḫaldūn.

Aujourd'hui nous pouvons conclure avec certitude que Marx a étudié intensément la pensée d'Ibn-Ḫaldūn durant son séjour parisien. Pour ce faire, il se servait d'une traduction française récemment parue des Muqaddima écrits en arabe. Qu'il me soit permis de faire ici une remarque sur la recherche marxiste en Europe et, en particulier, du socialisme réel. Les chercheurs se sont efforcés péniblement à effacer tout contact de Marx avec la tradition scientifique arabe. La cause de cet eurocentrisme se trouve chez Marx lui-même. Nulle part, il a indiqué ses sources arabes. Cependant, il y a maintenant tant de parallèles entre les écrits de Marx et ceux d'Ibn-Ḫaldūn et que nous sommes en mesure de mettre au jour, que l'on doit exclure avec certitude que Marx n'ait pas connu Ibn-Ḫaldūn. Marx ne doit non seulement avoir connu Ibn-Ḫaldūn, mais aussi il doit l'avoir étudié avec intensité. Cependant, Marx ne fait nulle part une référence explicite à cet auteur. Ibn-Ḫaldūn est un auteur beaucoup plus vieux. Il mourut au début du quinzième siècle, en 1406, mais il a été d'une grande actualité pendant tout ce temps là. Au fond, il n'a pas été un auteur radical, mais c'est à lui que nous devons que l'analyse de la société devint une science.

Le mérite d'Ibn-Ḫaldūn consiste surtout en ce que l'investigation du phénomène de la société se doit faire d'une façon intégrée, c'est-à-dire en comprenant toutes les disciplines. Ce point de vue interdisciplinaire, universaliste n'est même pas aujourd'hui connu en Europe. Ibn-Ḫaldūn est le véritable fondateur de la sociologie comme science. L'affirmation selon laquelle c'est Durkheim qui créa la sociologie, est une des défigurations typiques de l'Europe, un exemple d'eurocentrisme qui coupe toutes les sciences de la préhistoire arabe. On commence par le premier auteur européen qui a atteint cette performance. La méthode de l'analyse de système complexes par une démarche interdisciplinaire, avait atteint dans les sciences arabes sa maturité. Pour pouvoir analyser le phénomène de la « société », il est nécessaire d'isoler méthodiquement des structures et lignes les plus diverses à fin que, dans l'exposition, elles n'apparaissent pas d'une manière diffuse, mais complémentaires. La synthèse correspond comme contre-partie à l'analyse, l'intégration à la spécialisation.

C'est une performance propre de la méthodologie scientifique arabe que d'avoir pu réduire les origines, les fondements et les points de départ qui ont un effet complexe et que l'on ne peut reconnaître que si l'on ramène ces évolutions complexes à leurs fondements élémentaires. Les conditions gnoséologiques et de méthode scientifique pour cette conceptualisation intégrée de systèmes complexes, bref pour l'universalisme manquèrent dans la pensée européenne que l'on peut désigner d'« unidimensionnelle ». Malgré d'efforts multiples pour atteindre une vue interdisciplinaire et cybernétique (à nouveau une science arabe), l'intégrité et l'universalisme apparaissent en Europe comme un point de vue étrange, voire exotique. La lecture des textes d'Ibn-Ḫaldūn a été une action révolutionnaire. On reconnaissait la structure complexe. Une société est analysable et non pas incalculable. Ibn-Ḫaldūn exerçait une grande influence sur Marx – non seulement par la transmission de savoir spécifique, mais aussi par sa démarche intellectuelle. Le discours marxien changea d'un coup après la lecture d'Ibn-Ḫaldūn. Une comparaison des écrits antérieurs et postérieurs le montre à l'évidence.

Les *Ökonomisch-philosophische Schriften* (1844).

C'est dans les *Manuscrits économico-philosophiques* que l'influence d'Ibn-Ḫaldūn sur Marx est facilement reconnaissable; ces écrits furent probablement composés à côté du livre ouvert des Muqaddima. Des propositions se répètent textuellement (donc l'Europe serait en retard sur le monde arabe d'un demi millénaire). Les manuscrits parisiens montrent un tournant visible dans la pensée marxienne. C'est pour la première fois, que Marx voit l'intégrité de toutes les disciplines, une façon de penser complètement atypique pour l'Occident.

Des dérivations économiques, sociologiques, anthropologiques et philosophiques trouvent maintenant leur accès au discours marxien pour former un ensemble de la conception scientifique de la société. Ceci est la démarche la plus précieuse que Marx a appris chez l'écrivain de langue arabe Ibn-Ḫaldūn, mais selon une traduction française. En particulier, Marx reprend des Muqaddima la « théorie du capital », la « théorie de l'occupation », le « salaire du travail », le « profit du capital », la « rente foncière », la « propriété privée et le travail », la « production et la division du travail » et la « théorie de l'argent ». Marx a du lire Ibn-Ḫaldūn dans la première moitié de l'année de 1844 parce que les « Manuscrits économico-philosophiques » furent composés entre avril et août 1844. Il est à noter que ces travaux préparatifs furent longtemps ignorés par les éditeurs marxistes de la R.D.A. Il n'est pas besoin de spéculer sur les raisons. A la différence avec les

travaux postérieurs de Marx, il n'y a pas ici d'économisme. Ce qui frappe le lecteur, c'est un profond humanisme désigné dédaigneusement par les marxistes d' « idéalisme ». Ce n'est qu'après que la critique à la politique éditoriale de l' « Institut für Marxismus-Leninismus », entre autres aussi par moi-même, fut devenue plus forte, que les *Manuscrits économico-philosophiques* furent édités comme supplément (« Ergänzungsband »[10])[11]. Leur titre tordu de « Manuscrits économico-philosophiques » trahit le peu d'aisance avec laquelle on se débrouille avec des démarches hétérogènes pour clarifier un et le même phénomène.
Les manuscrits parisiens de Marx essaient d'imiter les Muqaddima en ceci qu'ils essaient d'expliquer la société par tous ses points de vue. Les éditeurs tiennent cette manière de considérer la société pour des « mélanges ». Il est dommage que Marx n'ait lu Ibn-Ḫaldūn qu'en partie. La démarche universelle ne sera pas renforcée chez le Marx postérieur, mais au contraire affaiblie. A partir des années cinquante, nous rencontrons surtout un économe. Cependant, des citations d'Ibn-Ḫaldūn apparaissent sans mentionner leur auteur non seulement dans les *Manuscrits parisiens*, mais certains thèses, démarches théoriques et affirmations que nous pouvons lire chez Marx et attribuer à Ibn-Ḫaldūn et à d'autres auteurs, reviennent jusqu'à la fin de la vie de Marx. En tout cas, Ibn-Ḫaldūn est très important, non seulement parce qu'il est une source de Marx, mais aussi par ce qu'il est un lien oublié (missing link) entre le rationalisme arabe et européen.

10 Karl Marx: *Ökonomisch-philosophische Manuskripte* (de l'année 1844, dits aussi *Pariser Manuskripte (=Manuscrits parisiens)*), MEW, EB 1, SS 465-562.

11 Avant cette parution, Erich Fromm édita sur la base des *Ökonomisch-philosphischen Manuskripte* son livre: *Das marxistische Menschenbild*, 1968.

Septième chapitre

Le tournant vers le matérialisme.

C'est autour des années 1844/45 que Marx réalisa le pas décisif et définitif vers la vision matérialiste. Il est justifié de regarder les *thèses sur Feuerbach* – le titre Thèses sur Feuerbach est d'Engels[12] – comme document qui atteste la transition définitive au Marx matérialiste. D'un côté, il n'est pas possible de dater l'orientation philosophique d'un homme par un seul événement qui se passerait en plus dans une nuit obscure, de l'autre côté, il y a n'importe quand une évidence subite et en une fraction de seconde, on adopte définitivement un point de vue idéologique. C'est dans ce sens que l'on peut comprendre les thèses sur Feuerbach comme une telle illumination d'importance vitale. Il demeure que longtemps avant la rédaction de ces thèses, le jeune Marx de vingt ans s'était soucié de l'histoire de la philosophie matérialiste. Déjà le choix du sujet de la dissertation doctorale et les travaux correspondants montrent la sympathie pour le matérialisme philosophique en sorte que l'on ne peut pas dire que Marx ait choisi ce chemin seulement à partir de la lecture de Feuerbach. Certes, Feuerbach est le philosophe le plus important entre Hegel et Marx. En vue de pouvoir bien apprécier les livres de Feuerbach, il est nécessaire de rapporter le contexte historique de ce philosophe.

C'est Friedrich Schleiermacher (1788-1834) qui était le leader des théologues protestants. Il était un champion de la thèse selon laquelle la couronne et l'église étaient unies, et il ne pouvait évidemment pas critiquer l'absolutisme d'Etat; en revanche, il fut nommé prédicateur de la cour à Berlin. Il comprit que les intellectuels se détournaient de l'église en suivant les ondes des Lumières. Il offrit une doctrine qui pouvait attirer les intellectuels critiques au christianisme. Ses *Discours sur la religion* de l'année 1799[13] avaient un effet contraire aux Lumières et au rationalisme. Son œuvre garantissait la survie de l'église et la justification théologique de l'Etat. En tout cas, Schleiermacher fait comprendre comment la couronne et l'église résistent aux vagues de la Révolution. D'autant plus dure est la position des dissidents théologiques.

---

12 Friedrich Engels: *Ludwig Feuerbach et l'issue de la philosophie classique allemande*, paru pour la première fois dans: *Die neue Zeit*, Stuttgart 1886. Texte et commentaire aux *Thèses sur Feuerbach* dans: Karam Khella: *Dialektischer und historischer Materialismus*, Hamburg 1979, pp. 65-77.

13 Friedrich Schleiermacher: *Über die Religion – Reden an die Gebildeten unter ihren Verächtern (De la religion – discours adressés aux gens instruits parmi ses détracteurs)*, Berlin 1799.

Un tel dissident était Ludwig Feuerbach (1804-1872). C'est dans son ouvrage *L'Essence du christianisme* (1841) qu'il réussit à réduire le phénomène religieux aux contradictions dans l'être social. La signification émancipatrice de la publication ne pouvait se faire attendre. Mais la situation n'était pas mûre pour une révolution ou, au moins, pour la lutte des classes. Feuerbach développa une dérivation concluante de la question de savoir pourquoi les hommes conçoivent des idées religieuses. Le livre s'intitule *L'Essence du christianisme*, mais le mot « christianisme » remplace ici celui de « religion ». C'est que Feuerbach connaissait une religion, à savoir le christianisme. Il écrivit sur le christianisme, mais lorsqu'on lit le livre, on se rend compte que ce n'est pas l'église en tant que telle, mais l'église en tant que représentant de toutes les religions qui est visée. Feuerbach reconnut ce fait et changea en 1845 le titre de la nouvelle édition: *L'Essence de la religion.*

Tout compte fait, c'est la thèse de Feuerbach que les hommes soient nés dans un monde où règne la misère, la pauvreté, la tristesse et la peine. Au lieu de changer leur être et de réaliser leurs espérances sur terre, les hommes commettent un paralogisme. Ils divisent leur être dans un empire transcendant au ciel et dans un monde réel. Tous les espoirs, utopies et désirs, ils les transposent dans le monde transcendant et le nomment paradis, le jardin d'Eden ou l'empire du ciel. Ils savent qu'ici ils deviennent malades et qu'ils sont torturés, qu'ils sont ruinés et meurent dans la misère. Voilà qu'ils choisissent le chemin le plus facile. Ils se disent que le ciel les va libérer de toutes les peines terrestres. Une troisième publication de Feuerbach, nommément les *Fondements de la philosophie de l'avenir*, parue en 1843, est aussi d'une grande importance.

Depuis longtemps, Feuerbach a été rebelle. En 1832, on le congédia de son apprentissage. Cela nous paraît aujourd'hui surprenant, si nous lisons ses œuvres et que nous constatons qu'elles sont relativement inoffensives. C'est que Feuerbach ne visait ni la révolution mondiale, ni l'abolition totale de la religion. La performance de Feuerbach était la critique fondamentale de la religion; cependant, il lui réservait une place dans la société parce qu'elle est un besoin des hommes. Les contradictions et l'inconséquence dans la pensée feuerbachienne ne doivent pas être niées. La vie éternelle est le complément de la vie terrestre. Là haut, justice sera faite. Les humiliés et les méprisés recevront en même temps que la récompense céleste, leurs droits, et les méchants seront punis. Cette déduction de la religion à partir de la scission de la réalité et des contradictions de l'être, c'est Feuerbach qui l'a merveilleusement démontrée. Sans le prétendre, il établit le germe pour une révolution de la pensée.

Ceci n'a pas plu à l'Etat prussien. Ceci n'a pas plus non plus à l'église protestante à laquelle il appartenait, ni à l'église catholique avec laquelle il n'avait rien à faire, car ainsi furent détruits les fondements de la religion en général. Feuerbach ne reçut ni cure, ni un poste de professeur, ni un poste d'assistant auprès d'une faculté théologique. Il était lié d'amitié avec une femme issue de la paysannerie et s'installa auprès d'elle à la campagne. Il est frappant que Feuerbach ne produisit plus rien après les remarquables publications des années 1841 à 45, en sorte qu'Engels se moquait en disant « Il devint paysan et de mauvais poil ». On aurait attendu une compréhension plus grande pour la situation d'un philosophe qui, à la suite de la répression, était exclu de la communication académique, souffrait matériellement et devint personnellement dépendant.
Marx a lu l' *Essence de la religion* et était visiblement impressionné. Au moment de la lecture, Marx devrait avoir eu 25 ans; cela devrait avoir eu lieu autour de 1844 puisqu'il ne connut point l' *Essence du christianisme*, mais par contre l' *Essence de la religion*. Il a rapidement consigné ses impressions sur la critique feuerbachienne de la religion pour, apparemment, les fixer, mais non pour les publier sous la forme connue par nous aujourd'hui.

Il est frappant de remarquer que Marx n'a rien fait pour publier ses *Thèses sur Feuerbach*, mais qu'il les confiait simplement à son calepin. Ce n'est que beaucoup plus tard, après la mort de Feuerbach en 1872 et, après lui, de Marx en 1883, que Friedrich Engels qui survécut les deux, a écrit une belle nécrologie pertinente dont la lecture se recommande encore aujourd'hui. Cette nécrologie fut publiée sous le titre de « *Ludwig Feuerbach et l'issue de la philosophie classique allemande* en 1886 dans le périodique *Die Neue Zeit* de tendance de gauche et paraissant à Stuttgart. Elle reçut un bon écho et fut publiée pour une deuxième fois en 1888. Lors de la réimpression, Engels avait déjà classé et mis en ordre les œuvres laissées par Marx après sa mort, et a trouvé entre autre ces notices sur l'œuvre de Feuerbach que Marx avait confiées, il y a plus de quarante ans, à son calepin; et Engels les publia dans un supplément au nouveau tirage[14]. C'est dans ses thèses que Marx reproche à Feuerbach de n'être pas conséquent. Feuerbach aurait fait seulement moitié chemin. Marx voudrait continuer le chemin jusqu'à sa fin. Pour être juste, on doit dire que c'était Feuerbach et non pas Marx qui a dépassé l'idéalisme hégélien. D'autre part, c'est le mérite de Marx d'avoir souligné le rapport entre théorie et pratique. La onzième thèse dit:

14 Friedrich Engels: *Ludwig Feuerbach und der Ausgang der klassischen deutschen Philosophie*, tirage à part en 1888. Texte et commentaire aux *Thesen über Feuerbach* en: K. Khella: *Dialektischer und historischer Materialismus*, Hamburg 1979, pp. 65-77.

« Les philosophes n'ont interprété le monde que différemment, mais il s'agit de le changer. »[15] Il s'agit donc de développer davantage le matérialisme. Nous en apprenons quelques choses; nous apprenons des thèses: 1. Marx est devenu en ce moment matérialiste, et 2. il a apparemment l'intention d'approfondir le chemin du matérialisme et de terminer ce que Feuerbach a laissé inachevé. 3. C'est la pratique qui est important (11ème thèse). A la théorie contemplative, à l'abstinence pratique, à ce qu'il nomme lui-même le « matérialisme intuitif », il veut opposer l'action combattive. A peu près au même moment, le jeune Marx écrit ailleurs: « L'arme de la critique ne peut, certes, pas remplacer la critique des armes. »[16] Les thèses sur Feuerbach ne sont pas un danger. Elles ne sont pas dans leur forme actuelle objet de critique. Il n'y a que peu de pages. On devrait au moins les lire. J'en ai fait un commentaire écrit dans mon livre: *Dialektischer und historischer Materialismus*. Elles sont toujours d'actualité. Il s'agit dans leur ensemble de quelques pages numérotées – 11 thèses. Ce numérotage provient encore de Marx. A cause de leur grande signification, nous reparlerons plus bas encore une fois des thèses sur Feuerbach.

Résumons les stations les plus importantes de la vie et de la formation intellectuelle de Marx des années 1842 à 1844: rupture avec la carrière académique, prise en charge de la direction de rédaction de la *Gazette rhénane* et, ainsi, large renommée publique, déménagement à Paris, rencontre avec Friedrich Engels, impressions de la vie du prolétariat par le fait de fréquenter des bars ouvriers à Paris, réflexion sur le rationalisme et matérialisme en provenance du monde arabe et qui étaient répandus en France, conversion définitive au matérialisme après la lecture de l'œuvre de Feuerbach, refus de la théorie contemplative, premiers contacts avec des communistes organisés.

---

15 Karl Marx, cité d'après MEW, t. 3, p. 535, in: K. Khella: *Dialektischer und historischer Materialismus*, Hamburg: 1979, 69.

16 Karl Marx: *Zur Kritik der Hegelschen Rechtsphilosophie*, MEW, t. 1, 385.

Huitième chapitre

Marx et Feuerbach.

Table synoptique:

1. Introduction
2. Feuerbach dans le contexte historique
3. Ludwig Feuerbach (1804-72)
4. Introduction aux thèses de Marx sur Feuerbach
5. Explication de la terminologie des thèses
6. Vue d'ensemble sur les onze thèses sur Feuerbach
7. Texte des thèses de Marx
8. Exégèse et commentaire aux thèses de Marx
9. Résultat
10. Sources primaires
11. Questions et discussion.

Feuerbach n'est non seulement le philosophe le plus important entre Hegel et Marx (par rapport à la germanophonie), mais il marque aussi le *tournant* de l'idéalisme au matérialisme. Ce tournant peut être exactement daté et documenté avec précision. Ce tournant se manifeste par les œuvres de Ludwig Feuerbach *L'Essence du christianisme* (1841), *Les Thèses préliminaires à la réforme de la philosophie* (1842), *Fondements de la philosophie de l'avenir* (1843) et *L'Essence de la religion* (1845). Ces travaux constituèrent une révolution intellectuelle. Leurs effets fascinants et émancipateurs sont démontrés par l'écho des contemporains. Les réactions extrêmement hostiles sont aussi une preuve a contrario pour le succès de ces publications éclairées. Comme on peut le voir dans l'écrit d'Engels *Ludwig Feuerbach et l'issue de la philosophie classique allemande* de 1886 (réédité en 1888), la discussion à propos de Feuerbach n'a pas cessé d'avoir de l'actualité même un demi siècle plus tard. L'intérêt pour la terre au lieu de pour le ciel, pour le monde au lieu de pour l'au-delà, pour la société au lieu de pour l'éternité, pour les hommes au lieu de pour Dieu, ce n'est plus un tabou, un abus de l'usage du monde, mais c'est devenu légitime et appuyé philosophiquement. Désormais, le sujet est la vie *avant*, non pas après la mort. Et si l'on parle de la mort, alors la vie avant la mort recouvre plus d'actualité et d'importance. L'enthousiasme pour Feuerbach s'explique en plus du fait de ce qu'il posait les jalons pour le dépassement

d'Hegel et de la position apparemment monopoliste de l'idéalisme. Ceci est le mérite de Feuerbach.
Les *Thèses sur Feuerbach* furent rédigées par Marx à Bruxelles au printemps de 1845 (calepin 1844-47)[17]. Engels les sortit du lègue et les publia en 1886 après les avoir corrigées d'une manière inessentielle. C'était aussi Engels qui, le premier, attira l'attention sur l'importance de ces thèses. Feuerbach exerçait une grande influence tant sur Marx que sur Engels. « Pendant un moment, nous tous étions des feuerbachiens. »[18] La signification des thèses est multiple. Tout d'abord, elles sont le premier essai de Marx de formuler le fondement de sa conception. Il souligne la gnoséologie du matérialisme dialectique par rapport au matérialisme contemplatif. Les *Thèses sur Feuerbach* marquent naturellement la différence entre Marx et Feuerbach tout en perdant de vue leur fond commun. C'était Feuerbach et non pas Marx, qui se détournait de Hegel à cause du manque de matérialisme de ce dernier. C'était donc Feuerbach et non pas Marx qui mit Hegel sur ses pieds, ce qui au sens du discours marxien veut dire que la dérivation se fait *de la matière vers l'esprit* et non pas à l'inverse. Pour avoir une vue d'ensemble et pour une meilleure compréhension, les positions des trois auteurs seront comparées entre elles:

Hegel: L'idée, la pensée pure et non pas l'intuition sensuelle, est ce qui prime dans la nature, la société et l'Etat.

Feuerbach réduit la théologie à l'anthropologie. C'est l'homme qui créa Dieu et non à l'inverse. La matière produit le Dieu.

L'attachement à l'ici-bas de Feuerbach parut trop vague au jeune Marx, trop général, trop naturaliste[19], l'analyse de la société lui faisait défaut; il était trop peu politique. Le matérialisme de Feuerbach était inconséquent et anhistorique pour Marx et pour Engels, et il ne faisait que la moitié du chemin. Marx fait la confrontation des thèses de Feuerbach avec ses propres anti-thèses, et de l'ensemble de son projet, il fait un chef-d'œuvre de rhétorique dialectique.

---

17 Karl Marx, [Thèses über Feuerbach], (écrit au printemps de 1845, éditées pour la première fois par Friedrich Engels en 1888), in: MEW, t. 3, p. 5-7. P. 533-535.

18 C'est d'une manière impressionnante qu'Engels souligna la signification de Feuerbach pour l'évolution philosophique des deux auteurs classiques dans son article nécrologique: Friedrich Engels: *Ludwig Feuerbach und der Ausgang der klassischen deutschen Philosophie*, MEW 21, 259-307.

19 Marx dans une lettre à Arnold Ruge, datée du 13 mars 1843, en: MEW 27, pp. 416-418, ici le ps. en bas de la page 417; ce qui correspond à: MEGA, III/I, Berlin 1975, pp. 44-46.

Quant à l'appréciation de l'ensemble de l'œuvre de Feuerbach, il est nécessaire de souligner dûment ses mérites. Jusqu'à maintenant, il fut relegué dans l'ombre des deux auteurs classiques – Marx et Engels – dans la littérature marxiste et dans celle qui était sous son influence. Au fond, c'était Feuerbach qui critiquait jusqu'à la dernière conséquence la religion. Il a ébranlé durablement la façon conventionelle de penser théoriquement et la privait de fondement. Il a brisé la domination des dogmes et la souveraineté cléricale. A ce domaine, Marx n'y a contribué rien de concret. Au lieu de cela, il chevaucha sur l'onde victorieuse de Feuerbach pour dépasser Hegel. Il est vrai que Feuerbach n'était pas avancé jusqu'à l'analyse des classes, et il laissa ainsi derrière soi la lacune dans laquelle Marx pouvait le dépasser.

Cependant, il n'est pas permis de pousser trop en avant, chez Marx, l'historialisation si l'on veut bien le comprendre. L'histoire n'est pas anthropogène chez Marx, mais une suite de l'évolution des forces de production. Certes, dans une optique matérialiste, mais aussi mécaniste. C'est ainsi que l'opposition à l'idéalisme en relation avec la question de la *faisabilité de l'histoire*, passe à l'arrière plan, montrant par là les conséquences de la communauté cachée du matérialisme et du mécanisme! Pour Marx, l'homme n'est pas le sujet de l'histoire passée, mais son objet. L'historialisation chez Marx est vidé de subjectivité quoique cela puisse paraître paradoxe. En partie, Feuerbach est allé plus loin que Marx. Ce dernier apportait une composante mécaniciste dans le matérialisme feuerbachien.

Les *Onze thèses* énoncent le congé de Feuerbach. Il fait encore partie de la philosophie classique ou bourgeoise. Ni Feuerbach ni Hegel « ont pensé de poser la question de savoir si la philosophie allemande a une relation avec la réalité allemande, si sa critique a une relation avec son entourage matérialiste propre » (Engels, en: *Ludwig Feuerbach et l'issue de la philosophie classique allemande*, 1888). A ces deux philosophes, Marx et Engels leur reprochent d'avoir un rapport anhistorique avec la réalité.

C'est le matérialisme anthropologique de Feuerbach qui se perd chez Marx. Chez Feuerbach, c'est l'homme – il est vrai, anhistorique et sans conscience des classes – qui est au centre de l'intérêt ce qui fonde ainsi le matérialisme humaniste.

Les *Thèses sur Feuerbach* sont l'un des textes de Marx qui sont le moins compris. On les isole de l'ensemble de l'œuvre marxienne. Les critiques projettent en eux leur propre pensée et l'interprétation des textes est ainsi déformée. Comme les thèses ont été formulées avec une très grande densité et qu'ils n'étaient pas prévus pour la publication sous cette forme, mais pour fixer l'état de connaissance, ils stipulent une compréhension qui s'offre à première vue, mais qui ne correspond pas à l'intention de Marx. En plus, Marx fait emploi dans les thèses d'une terminologie de laquelle il prendra plus tard congé. Avant d'interpréter les thèses, je voudrais donc expliciter quelques notions fondamentales de l'esquisse marxienne.

En vue de la clarification de la terminologie des thèses.
« *Praxis* » est le concept central des thèses. Marx le développe comme suit: La praxis est l'objectivation de l'homme. Tandis que le matérialisme prémarxien a divisé l'attitude des hommes dans la société en deux plans indépendants l'un de l'autre: un côté objectif, contemplatif et un côté subjectif, pratique, détaché; Marx a joint dans un seul plan ce dédoublement de l'être et de la praxis. « Etre » et « praxis » sont identiques pour les thèses. Le Marx tardif n'emploiera dans ce sens que le mot « être ». Dans les *Thèses sur Feuerbach,* « praxis » veut dire « être pratique ». L'être humain est praxis (en opposition à la « conscience »). Praxis est le « travail dans le processus de production ». Dès le début, Marx fait la critique suivante: « Le défaut principal de tout le matérialisme du passé – celui de Feuerbach y inclus – est que l'objet, la réalité, la sensualité ne sont vue que sous la forme de *l'objet* ou de *l'intuition*, mais non pas en tant que *action sensuelle humaine, praxis*, non subjectivement (…) » (Marx, 1ère thèse).

« *sous forme de l'objet* » veut dire sans appel et immuablement,

« *pris seulement dans l'intuition* » veut dire: pris sans pratique,

« *intuitif* »(dans le contexte des thèses) veut dire: n'agissant pas pratiquement, n'intervenant pas pour changer, mais seulement contemplant.
« *matérialisme intuitif* », et son synonyme: « matérialisme contemplatif » ou « spéculatif ». La notion « contemplatif » qui correspond à la terminologie philosophique pour une théorie de la connaissance spéculative, par exemple le matérialisme intuitif, n'est pas employée par Marx dans les thèses (mais je l'emploie dans mon commentaire).

Le *matérialisme intuitif* a contemplé l'objet sans le changer. Voilà pourquoi on l'appelle « matérialisme intuitif » puisqu'il est sans pratique. Une telle vision, je l'appelle également « philosophie contemplative ». Ses caractéristiques sont a) l'absence de pratique, et b) le non- respect de la praxis par rapport à sa gnoséologie. Le matérialisme intuitif ignore l'essence de la connaissance.

(Remarquez, S.V.P. que, contrairement à Feuerbach et au matérialisme contemplatif, le principe gnoséologique est que la cognition passe par l'action. Nous ne comprenons l'objet que si nous changeons sa position par rapport au temps et à l'espace.)

C'est dans la neuvième thèse que Marx définit le « matérialisme intuitif » comme le matérialisme qui ne saisit pas la sensualité dans sa qualité d'action pratique.

Au centre des thèses se trouve la « praxis ». C'est cette thèse que Mao Tse-tung a choisie pour sujet d'une monographie. C'est précisément à cause de la différence de leurs notions de la praxis, que la monographie de Mao *Sur la pratique* et les Thèses sur Feuerbach de Marx présentent deux démarches différentes. Cette constatation n'est pas altérée par le fait que Mao se réfère en guise d'introduction à son écrit aux onze thèses de Marx. Les critiques – parmi eux Mao Tse-tung en *Sur la pratique* – interprètent le concept marxien de la praxis tel qu'il survient dans les *Thèses sur Feuerbach*, en première ligne *politiquement*, c'est-à-dire comme intervention planifiée, programmatique et orientée dans la réalité. Les buts de la praxis doivent donc changer la réalité selon des projets subjectivement conçus, et sociaux. La dialectique naturelle entre « connaissance et action », telle qu'elle a été élaborée chez Mao Tse-tung dans *Sur la pratique*, n'est pas contraire aux *Thèses sur Feuerbach*, mais y réduire celles-ci signifierait de retirer le fondement de contenu aux thèses et de leur priver tout sens, au moins tout sens dans l'intention marxienne. Chacune des onze thèses est en relation si étroite avec le concept de la praxis que nous y reviendrons plusieurs fois dans la suite.

Table synoptique sur les thèses sur Feuerbach.

Les « thèses » ne portent pas de titres. Si je propose dans la suite des titres, je prie le lecteur de les envisager sous le point de vue de l'intérêt didactique. Qu'ils rendent transparentes la composition et la structure des onze thèses et qu'ils indiquent le but cognitif de chacune des thèses:

1ère thèse: a) « Action sensuelle » (Marx) contre « intuition » (Feuerbach). Marx demande l'unité de l'expérience sensuelle et de la réflexion.
b) La première thèse souligne en plus la théorie de la connaissance du matérialisme historique contre celle du matérialisme intuitif.

2ème thèse: Critique du matérialisme intuitif puisque qu'il est sans praxis.

3ème thèse: Unité de l'être et de la pensée. C'est dans cette dialectique que la pédagogie est introduite.

4ème thèse: Renoncement du théorème de l'aliénation de soi.

5ème thèse: a) Présentation et critique lumineuses de la théorie de connaissance matérialiste prémarxienne,
b) Détournement de Marx tant de la priorité de la pensée abstraite que du matérialisme intuitif.

6ème thèse: Thèse clef par rapport à l'anthropologie marxienne.

7ème, 8ème et 9ème thèses: Conception du monde par des contradictions.

10ème thèse: Place et tâche du matérialisme dialectique dans la société.

11ème thèse: Marx exige l'unité de la connaissance et de l'action, dialectique de théorie et praxis.

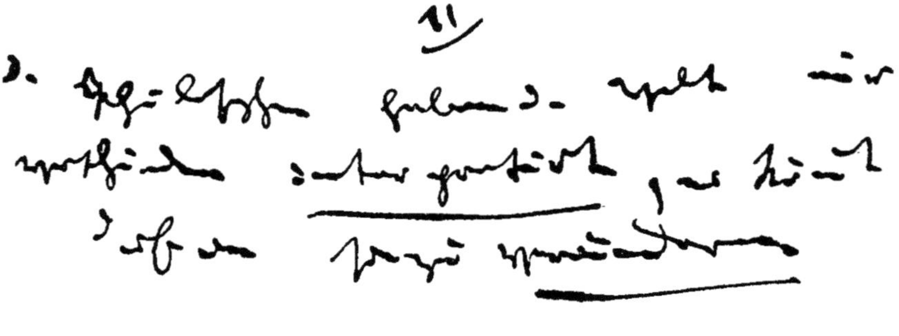

La *onzième thèse sur Feuerbach* par la main de Karl Marx (d'après le calepin 1844-47).

Les thèses de Marx et commentaire

Première thèse:

> « Le défaut principal de tout le matérialisme passé – celui de Feuerbach y compris – est qu'il saisit l'objet, la réalité et la sensualité seulement sous la forme de l'*objet* ou de l'*intuition*, mais non pas en tant qu'*action sensuelle humaine, praxis*, non pas subjectivement. C'est ainsi que le côté *actif* fut développé par l'idéalisme, en opposition au matérialisme – mais seulement de manière abstraite puisque l'idéalisme ne connaît naturellement pas l'action réelle, sensuelle en tant que telle. L'intention de Feuerbach vise les objets sensuels, distingués réellement des objets de la pensée; mais il ne conçoit pas l'action humaine elle-même comme action *objective*. Il ne contemple donc dans l'*Essence du christianisme* que le comportement théorique comme authentiquement humain, tandis que la praxis n'est saisie et fixée que sous sa forme d'apparence sale-juive. Il ne comprend donc pas la signification de l'action ‹ révolutionnaire ›, pratico-critique. » (Jusqu'ici la première thèse de Marx sur Feuerbach.)

Feuerbach ne connaît que la sensualité théorique. Son matérialisme est appelé avec raison « intuitif », parce qu'il ne part pas de la pratique, c'est-à-dire la vie du travailleur pratique de l'homme, et qu'il n'en déduit pas la pensée. Marx dessine un triangle propositionnel de l'« idéalisme » (Hegel), du « matérialisme intuitif (Feuerbach) » et du « matérialisme dialectique » (« marxisme »). Le matérialisme de Feuerbach est appelé « intuitif » pour la raison que l'observateur s'y contente de l'intuition et ne progresse pas au mouvement et au changement de l'objet. C'est que tout le matérialisme passé est caractérisé par une contemplation inactive: « L'objet, la réalité, la sensualité ne sont saisis que sous la forme de l'objet ou de l'intuition. » « Sous la forme de l'objet » veut dire l'objet en tant que quelque chose d'*immuable*. L'objet est intuitionné, non pas saisi, contemplé, mais non pas mu; vu, mais non pas changé: « Il n'est pas saisi comme action sensuelle humaine, comme praxis, subjectivement. » Marx introduit dans la première thèse le facteur de l'« activité humaine » à titre de concept clef de la théorie de la connaissance matérialiste. Le fait seul de souligner la signification cognitive de l'action sépare la théorie de la connaissance matérialiste de l'idéalisme. Il est vrai que certaines théories de la connaissance emploient aussi un concept de l'action, mais il demeure que Marx développe déjà dans la première thèse le concept de l'action jusqu'à sa différenciation historico-matérialiste mûre.

C'est déjà dans la première thèse que la question de la praxis se trouve au centre. Cependant, le concept de l'action reste encore peu claire chez Marx. En tout cas, il n'est point permis de l'interpréter dans le sens naturel d'une « application de la théorie ». Au contraire, « praxis » signifie pour lui « activité sensuelle », c'est-à-dire travail, à savoir travail dans le « processus de production ». Le concept marxien de l'activité et de la connaissance présuppose la *société*; il est historique.

« La ‹ praxis › n'est saisi et fixé (chez Feuerbach) que dans sa forme d'apparence sale juive », cette thèse se réfère à: Ludwig Feuerbach: *L'Essence du christianisme*, 1841[20]. C'est ainsi que Marx précisément en tant que matérialiste et précisément à l'intérieur de l'être, souligne le facteur subjectif de l'activité productive qui, autant que le facteur objectif, est objectif (gegenständlich).

La première thèse est d'un style dense: une controverse triple où l'idéalisme n'est mentionné qu'en passant. C'est la théorie de la connaissance marxiste qui s'y construit. Il est possible que le caractère à la fois constructive et polémique n'en facilite pas la compréhension. Ce sont trois grandes écoles philosophiques qui sont confrontées l'une à l'autre dans quelques lignes pour les faire entrer dans la joute et pour faire escalader la complexité de la thèse. Que devons-nous faire? Oublions donc pour un moment la controverse et contemplons la première thèse sans égards à la polémique entre Marx et Feuerbach pour atteindre une meilleure compréhension et pour trouver une clef de cette thèse; ensuite nous reviendrons, en rétrospective, à Feuerbach et à Marx. L'homme est né au milieu d'une société où une série de facteurs déterminants décident de son devenir. C'est cette question clef de l'anthropologie que Feuerbach et Marx traitent différemment. Feuerbach arrive à une morale pratique ou – dans un vocabulaire plus moderne – existentialiste que Marx appelle « théorique » et où Feuerbach voit une chance de produire des effets authentiquement humains. C'est précisément en cela que réside une autre différence fondamentale entre Marx et Feuerbach. Pour Marx, la morale est un aspect de la superstructure. La morale dominante est la morale des dominants. Un changement à la base provoque une morale nouvelle de la base elle-même. En même temps que l'antagonisme, la morale disparaît aussi avec la société sans classes. Dans le système philosophique marxien, il n'y a pas de place pour la morale en

[20] Ludwig Feuerbach: *Das Wesen des Christenthums*, d'après la première édition de 1841, p. 264. La phrase n'est certes pas l'expression d'une pensée anti-sémite et veut dire l'activité dans les affaires des entreprises et du prêt d'argent.

tant qu'impératif catégorique. C'est pourquoi le marxisme s'approche du machiavellisme.

En revanche, Marx reconnaît la signification de l' « activité sensuelle humaine », c'est-à-dire du « travail », nommément dans le processus de production. Les thèses de Feuerbach ne doivent pas être lues isolément, mais par rapport à l'ensemble de l'œuvre de Marx que nous développerons encore. Marx élargit l' « activité sensuelle humaine » jusqu'au travail, et le travail jusqu'à la force de production. L'homme est considéré de nouveau comme objet de l'évolution de la force de production.

C'est le manque de l'activité productive et du travail aliéné de la société des classes dans la pensée de Feuerbach qui fait s'infiltrer dans son système une image idéaliste de l'homme qui l'approche de Hegel. Voilà pourquoi Feuerbach ne voit pas l' « homme réel » – en tant que résultat de son travail. Voilà pourquoi Feuerbach saisit l'objet, la réalité, la sensualité « seulement sous la forme de l'objet » en omettant l'activité sensuelle humaine (= le travail).

En reprochant au concept idéaliste de la praxis d'être abstrait d'un côté et à la conception matérialiste, nommément feuerbachéenne de la praxis d'être théorique de l'autre, Marx se détourne de la morale pratique de la vie quotidienne selon Feuerbach. Marx a l'intention de résoudre la contradiction entre la théorie et la praxis à l'intérieur de la production même. Cette solution ne peut être que révolutionnaire. Voilà pourquoi praxis s'appelle pour Marx « activité pratico-critique ».

Qu'est-ce que nous dirons alors sur le principe anthropologique qui est soulevé ici? Exploitation et résistance forment une dialectique. L'absence d'exploitation dans l'expérience mène à l'idée de l'aliénation de soi et conditionne la représentation idéalisée d'*auto-libération*.

Sans le dire explicitement, la première thèse conçoit la démarche, peut-être l'ensemble, de la nouvelle théorie de la connaissance matérialiste. Chaque phrase de la première thèse exprime à une vitesse qui fait perdre l'haleine, la pierre de touche de la nouvelle qualité, à savoir dans l'accélération suivante:

- L'activité sensuelle objective est définie par Marx comme base de l'image de l'homme.
- Catégorisation de l' « activité objective » et « connaissance sensuelle » comme dialectique de l'expérience et de la connaissance.

- « Subjectif », c'est-à-dire l'objet (Gegenstand), n'est non seulement considéré comme objet, comme ce fut le cas dans tout le matérialisme passé, celui de Feuerbach inclus, mais il est changé par le sujet – *et alors seulement compris*.
- Dans la suite, Marx atteint un nouveau concept de la praxis.

La prochaine marche vers le haut, nouvelle activité de la connaissance:
- *connaissance réfléchie ou rationnelle*.
- activité pratico-critique.
- action révolutionnaire (jusqu'ici, la première thèse).

L'être social est une relation vivante entre le sujet et l'objet. A cause du facteur travail, l'être n'est plus une donnée en soi. Sans le travail humain, l'histoire de l'humanité reste incompréhensible. Cependant, le travail constitue un large éventail de quantités et qualités; il commence par l'activité productrice, se développe en passant par des contradictions, passe à être une activité politique et sociale qui se change en critique pratique des rapports de production inhumains; la praxis sociale s'envenime pour devenir une activité révolutionnaire. L'histoire devient une histoire des luttes des classes et est sanctionnée par la révolution sociale.

Deuxième thèse:

> « La question de savoir si la pensée humaine est caractérisée par une vérité objectale, n'est pas une question concernant la théorie, mais bien une question pratique. Dans la praxis, l'homme doit fournir la preuve de la vérité, c'est-à-dire de la réalité et de la puissance, de l'en-deçà de sa pensée. La dispute autour du problème de la réalité ou irréalité d'une pensée qui s'isole de la praxis, est une question purement scolastique. »

La deuxième thèse accentue davantage ce que la première thèse annonce, et ce que la troisième thèse reprendra: à savoir l'unité de l'action et de la pensée ou l'unité de l'être et de la conscience, de la praxis et de la théorie.

Si la « praxis » signifie « l'activité sensuelle », c'est-à-dire le fait d'être actif dans le processus de la production, alors Marx décrit dans la deuxième thèse la « praxis » comme étant primaire et la pensée comme étant secondaire, la praxis comme fondement et la pensée comme une dérivée. Ainsi, le fondement pour le matérialisme caractéristique pour Marx, est posé: « l'être définit la conscience ».

C'est la théorie de la connaissance adverse au travail, que la critique de Marx vise dans le « matérialisme conventionnel ». Elle n'avait pas été comprise comme connaissance qui reflète le processus du travail. La connaissance est dans le matérialisme prémarxiste une contemplation passive, c'est-à-dire qui ne change pas l'objet (ce point de vue est rappelé encore par la racine du mot « theoria » = le fait de regarder).

L'inconséquence de la théorie de la connaissance prémarxienne consiste en ce que le concept de l'activité était à la charge de l'idéalisme: « C'est ainsi que le côté *actif* fut développé par l'idéalisme, en opposition au matérialisme – mais seulement de manière abstraite puisque l'idéalisme ne connaît naturellement pas l'action réelle, sensuelle en tant que telle » (première thèse). C'est paradoxalement ainsi que, dans la question essentielle, le matérialisme contemplatif et l'idéalisme sont logés à la même enseigne: les deux isolent la pensée de son fondement ontologique. Dans l'idéalisme, la pensée est primordiale et abstraite. Dans le matérialisme intuitif, elle est contemplative. Dans ce dernier, la pensée n'est pas dérivée de la praxis, cette dernière est en plus considérée comme étant contemplative. Les deux doctrines se meuvent sur le même terrain, quoique l'une regarde vers le haut et l'autre, vers le bas. C'est donc dans une question de premier ordre que le matérialisme intuitif a plus en commun avec l'idéalisme qu'avec le matérialisme historique.

Troisième thèse:

> « La doctrine matérialiste selon laquelle les hommes sont les produits des circonstances et de l'éducation, c'est-à-dire que des hommes changés sont les produits d'autres circonstances et d'une éducation changée, cette doctrine oublie que les circonstances sont précisément changées par les hommes et que chaque éducateur doit être éduqué lui-même. Voilà pourquoi elle se termine nécessairement par une séparation de la société en deux parties dont l'une est située au-dessus de la société. (P. ex. chez Robert Owen.)
> La coïncidence du changement des circonstances et de l'activité humaine ne peut être saisie et rationnellement comprise que comme *praxis* révolutionnaire. »

Un glissement de la notion marxienne de la praxis telle qu'elle se trouve dans les thèses feuerbachiennes est conditionnée par l'usage actuel du langage selon lequel praxis veut dire « application d'une théorie », « introjection de la doctrine » et « action comme conséquence d'une connaissance ». Dans les thèses sur Feuerbach, par contre, praxis signifie

simplement « activité » selon l'usage classique. Chez Marx, dans les thèses, cela veut dire encore plus précisément « activité productrice », « travail ». La praxis est le fondement de la pensée et forme avec elle une unité. C'est dans cette unité que Marx intègre encore l'éducation.
Si l'activité productrice se change, cela a pour conséquence un changement de l'éducation. Les aptitudes artisanales, le savoir-faire du personnel de service et tout le niveau du personnel ouvrier doivent subir un processus d'adaptation au progrès technique. Des plans nouveaux de formation et des qualifications spécialisées supérieures pour les ingénieurs sont nécessaires. Ceci dit la troisième thèse. Cela ne veut pas dire la rééducation qui sera requise après la révolution. Quelques interprètes projettent cette signification dans la troisième thèse, mais cela n'est pas l'intention de Marx. Pour Feuerbach, tout être est un être autonome. Le matérialisme prémarxien souffrait du fait qu'il a fait son évolution en séparation d'avec la dialectique. Marx oppose au naturalisme mécaniciste l'antithèse dialectique (troisième thèse sur Feuerbach) selon laquelle « les circonstances sont précisément changées par les hommes et les éducateurs eux-mêmes doivent être éduqués ». Des procédés nouveaux de production entraînent le nouveau moral de travail. Exemples: La ponctualité à la seconde près pour le début et la fin au poste de travail, la promptitude de coopérer dans les équipes des hangars de montage, la solidarité dans la résistance, la fidélité aux contrats dans la vie des affaires. Cette dérivation correspond à la notion et compréhension marxiennes (matérialistes) de morale.

Le matérialisme prémarxien enseignait: « Les hommes sont les produits des circonstances et de l'éducation. Les hommes changés sont le produit d'autres circonstances et d'une éducation changée », cela paraît claire. Cependant, ce point de vue est faux puisqu'il est unilatéral, c'est-à-dire adialectique. Cette thèse n'est complète que si elle est en même temps renversée. La démarche *dialectique* n'est pas une formalité. Car ce qui est décisif n'est pas l'acceptation de ce qui est donné d'avance, mais son changement conscient et téléologique par une pratique sociale. L'être social – qui consiste en un côté objectif (les « circonstances ») et un côté subjectif préétabli (la socialisation, l'éducation) – donne le cachet à la personnalité *préconsciente*. Ce n'est que par le renversement dialectique – « la conscience détermine l'être » – qu'est créé l'homme autonome.

On peut se demander si le Marx tardif n'est pas tombé dans la même erreur adialectique de la conception mécaniciste-matérialiste qu'il a critiquée dans la troisième thèse. Dans l'introduction à la *Critique de l'économie*

politique » (1857) il a énoncé une thèse que, plus tard, Staline va reprendre: « L'être sociale détermine la conscience sociale » sans le renversement dialectique: « la conscience sociale détermine l'être sociale ».
Après avoir montré le débat entre Marx et Feuerbach, je voudrais me permettre de contribuer des idées à moi sur le sujet de la troisième thèse. La théorie bourgeoise du milieu est mécaniciste. Par ses deux composants de « disposition et milieu », elle ne dépasse guère le point d'évolution du 19ème siècle, à savoir « que les hommes sont des produits des circonstances et de l'éducation, les hommes changés donc des produits d'autres circonstances et d'une éducation changée ». Cette théorie ignore que l'*appropriation spécifiquement humaine* de la réalité se fait *activement.* L'homme s'approprie la réalité en la changeant. A la différence avec d'autres créatures qui s'*adaptent* à leur milieu pour pouvoir survivre, l'homme s'approprie activement la réalité. Il intervient en elle en la changeant, et fait ainsi sa connaissance. *L'appropriation* est une forme spécifiquement humaine de l'apprentissage. C'est moins en s'adaptant à la nature, c'est plutôt en changeant délibérément son existence que l'homme change. En changeant la réalité, les hommes se changent eux-mêmes. L'homme nouveau ne naît donc pas seulement après la chute de la société de classes produisant des marchandises (ainsi Marx). Dans le sens de la théorie anthropologique de la révolution, le changement de l'homme est par contre un chemin sans fin qui se propage par delà les longues époques historiques et cela chaque fois sur un niveau supérieur. L'anthropogénèse est un processus qui se développe aussi par delà la société des classes et par polarités. L'homme se recrée chaque fois de nouveau avec chaque formation de société.

Quatrième thèse:

> « Feuerbach part du fait de l'auto-aliénation religieuse, du dédoublement du monde en un monde religieux, représenté et un monde réel. Son travail consiste en la dissolution du monde religieux en son fondement terrestre. Il ignore qu'après avoir accompli ce travail, la chose principale reste à faire. Car le fait que le fondement terrestre prend un départ de soi-même et se fixe dans les nues comme un empire autonome, ne se comprend qu'à partir de l'auto-déchirement et de l'auto-contradiction de ce fondement terrestre. C'est donc celui-ci qui doit être premièrement compris en sa contradiction et deuxièmement révolutionné pratiquement par l'abolition de la contradiction. Donc par exemple, après que la famille terrestre a été découvert comme le secret de la sainte famille, la première doit alors être critiquée elle-même théoriquement et renversé pratiquement. »

La quatrième thèse indique que Feuerbach a dévoilé l'auto-aliénation dans sa forme religieuse. C'est son mérite que de « dissoudre le monde religieux en son fondement terrestre ». Marx fait la critique: Feuerbach « ignore qu'après avoir accompli ce travail, la chose principale reste à faire ». Le monde des dieux naît dans la tête des hommes. Les dieux des dominants sont le sommet de l'hiérarchie autoritaire. Trône et autel célestes sont la légitimation de leur copie sur terre. Les dieux des opprimés sont par contre du côté de la résistance. Feuerbach déduisait l'ensemble de la sphère transcendante – théodicée[21], doctrine de salut, eschatologie, etc. – à partir de la réalité matérielle de la société: la religion est la conscience renversée d'un monde renversé. Le rêve phantastique de l'humanité du jardin d'Eden n'est qu'une projection de la nostalgie pour échapper au déchirement de l'être social. C'est à cause de la frustration que les espérances humaines ne peuvent être réalisées dans ce monde, et que la nostalgie crée son propre empire de sécurité et félicité dans le ciel. La déception des hommes sur la terre est compensée par la promesse d'un au-delà. *L'anti-thèse de Marx contre Feuerbach*: les ressources sociales doivent être comprises en leur contradiction et révolutionnées ensuite pratiquement par l'abolition de la contradiction (Marx, quatrième thèse sur Feuerbach). Le matérialisme prémarxien n'a considéré l'être qu'objectivement, c'est-à-dire à l'extérieur, indépendamment, immuablement, d'une façon autonome par rapport à l'homme. Il n'a pas compris l'être comme praxis, comme objectivation de l'homme. C'est pourquoi le matérialisme prémarxien n'a pas été en mesure de former une notion matérialiste de la praxis. C'est ainsi que la philosophie de la praxis (donc de la théorie qui fonde la praxis) a été à la charge de l'idéalisme (Marx, première thèse). Mais comme l'idéalisme est une négation du matérialisme, l'idéalisme ne pouvait fonder la praxis que moralement. Mais aussi le matérialisme contemplatif était moral. C'est le point de rencontre entre l'idéalisme et le matérialisme. L'action humaine a été individualisée et mythifiée.

Marx ne développe pas encore une théorie de l'aliénation qui lui serait assignable. C'est par contre dans la quatrième thèse que se trouve le point de départ selon lequel la thèse de l'auto-aliénation dont l'homme serait coupable lui-même, doit être dépassée. En plus, prises dans leur ensemble, la visée des onze thèses peut être formulée de la manière suivante: L'être aliéné humain ne peut être vaincu que par une praxis sociale.

---

21 La théodicée est un verdict d'acquittement pour Dieu de la culpabilité pour le mal dans le monde; une justification de Dieu en vue de la présence du mal; l'innocence de Dieu par rapport aux anomalies. La théodicée est un problème classique sur lequel les théologues se cassent la tête depuis toujours puisque les inconvénients dans le monde doivent être accordés à la sainteté, infaillibilité et perfection de Dieu qui a créé en dernière instance tout ce qui existe.

Marx exige la catégorisation dialectique du *monde*. L'au-delà doit être reconduit à l'en-deçà dont l'au-delà est originaire dans la pensée en tant que solution illusoire des contradictions réelles. La quatrième thèse contient virtuellement le programme théorique que Marx a l'intention de développer dans les années et décennies à venir: l'historialisation de l'image de l'homme. Ceci veut dire: l'élaboration de la conception matérialiste de l'histoire en tant qu'évolution du procès de production des hommes. « Empire terrestre » et « empire du ciel » sont à reconduire tous les deux à la société à fin que leur contradiction soit résolue. C'est pourquoi une analyse des classes est à faire avec toutes ses conséquences théoriques et pratiques. En plus, la quatrième thèse contient la théorie marxienne de la révolution. Révolution veut dire la démolition de la contradiction fondamentale des conditions de production.

Cinquième thèse:

> « Non content *de la pensée abstraite*, Feuerbach fait appel à l'*intuition sensible*; mais il ne saisit pas la sensibilité comme activité sensible pratique de l'homme (praktische menschlich-sinnliche Tätigkeit). »

La dialectique de la cinquième thèse consiste en l'activité sensible et en la praxis sociale (Marx) contre l'intuition passive (Feuerbach).

Sixième thèse:

> « Feuerbach dissout la réalité religieuse dans l'être humain. Mais l'être humain n'est pas une chose abstraite inhérent à chaque individu. Dans sa réalité, il est l'ensemble des rapports sociaux.
> Feuerbach qui ne répond pas à la critique de cette être réel, est donc contraint:
> 1 de faire abstraction du cours de l'histoire et de fixer l'âme religieuse pour soi et de faire la présupposition abstraite – *isolée* – d'un individu humain;
> 2 l'être humain ne peut par conséquent être saisi que comme ‹ espèce ›, comme généralité intérieure, muette, liant seulement *naturellement* la pluralité des individus. »

Feuerbach émancipe, il est vrai, l'homme de Dieu, mais sa démarche humaniste demeure dans l'abstraction anthropologique. En contrepartie à l'homme générique en tant que être abstrait qui reste le même par nature, Marx connaît l'homme historique et l'ensemble des rapports sociaux. Feuerbach pose, il est vrai, l'homme au centre de sa critique de la religion (et d'aucune autre critique), mais l'homme est pour lui la pure fleure de la nature. Il ne connaît pas le concept « historique » en tant que dépendance sociale de l'individu et forme de rapport humaine. Dans le matérialisme purement contemplatif de Feuerbach, l'homme est anhistorique. L'absence d'histoire dans cette image de l'homme est double: Par rapport au passé, l'homme est privé de la praxis comme base de son évolution; quant au présent et à l'avenir, le matérialisme doit rester privé de praxis. Cette conception contemplative est un trait fondamental du matérialisme feuerbachien: « L'intuition pratique est une intuition sale, tachée d'égoïsme » (Ludwig Feuerbach: *L'Essence du Christianisme*)[22].

Ainsi nous arrivons au concept de la praxis de Feuerbach ce par quoi finalement tant celui de Feuerbach que celui de Marx vont être clairs. L'expression de la pratique de Feuerbach est prérevolutionnaire. Il ne connaît la praxis que comme affaire sordide et usure mauvaise (première thèse). Il est donc obligé de la dédaigner et de la mépriser. Ce que lui reste n'est que la conception contemplative, l'intuition, aucune intervention, mais bien des appels moraux et impératifs catégoriques (rester propre dans un monde sale).

Le concept marxien de la praxis est aussi double: Par rapport à l'histoire, l'homme est un produit de sa praxis dans la vie productive. Celle-ci doit cependant être changée dans le présent et l'avenir. Feuerbach et Marx se distinguent donc pour l'essentiel par leur conception de la praxis. Feuerbach ne connaît pas l'activité renversante dans l'histoire, la praxis imminente et future qui change la société en tant qu'activité révolutionnaire. Marx exige: « Le fait que le changement des circonstances et que l'activité humaine ne font qu'un, ce fait ne peut être saisi et compris rationnellement que comme *praxis renversante*. » (Marx, troisième thèse). Ici, « praxis » est indiscutablement employé dans le sens de « connaître et agir ». Cependant, il est nécessaire de mettre le lecteur en garde de prendre en considération cette manifestation seule, ce qui aurait pour suite de dévier de la base dans le sens de Marx. La troisième thèse parle d'une « praxis renversante » et veut dire – en accord avec l'ensemble de la théorie marxienne – la « révolution sociale » qui résulte de l'exacerbation des contradictions d'un mode de production. L'éducation non plus ne peut être absente de ce procès. Il est claire que si Marx fait la critique suivante (sixième thèse, premier paragraphe): « Feuerbach qui ne répond pas à cette critique de cet être réel (humain), est par conséquent contraint: 1° de faire abstraction du parcours

[22] Ludwig Feuerbach: *L'Essence du christianisme*, selon l'édition de Leipzig: 1841, page 264.

social et de fixer l'âme religieuse pour soi et de faire la présupposition abstraite – isolée – d'un individu humain. »

D'autre part, il ne faut pas interpréter trop Marx. La sixième thèse dit: L'homme est « l'ensemble des rapports sociaux ». C'est très juste. Cependant, Marx ne dit pas que l'homme est le faiseur (=sujet) des rapports sociaux, sinon son objet. Cette conception adialectique se répète chez Marx et doit nous occuper encore souvent. La praxis est donc chez Marx en rapport au procès de production – et cela également en rapport à la révolution. Celle-ci veut dire: abolition de l'antagonisme de la production. La société productrice de marchandises déploie dans le capitalisme la contradiction lui inhérente dont la cassure signifie la révolution. *La praxis est fondée dans l'être même et non pas par le but qui est étranger à cet être ou en est indépendant.*

Septième thèse:

> « Feuerbach ne voit donc pas que l' ‹ âme religieuse › est elle-même un *produit social* et que l'individu abstrait qu'il analyse, appartient en réalité à une forme déterminée de société. »

Feuerbach attribuait aux hommes un besoin de religiosité qu'il a désigné comme « âme religieuse », mais qu'il n'a pas déduit de ses fondements. Feuerbach était de l'avis de satisfaire ce besoin par des formes illustrées, par ex. par une religion rationnelle. Marx par contre, pour qui la religion est un phénomène de la superstructure, veut ramener la dite âme religieuse à sa base matérielle.

Huitième thèse:

> « La vie sociale est essentiellement *pratique*. Tous les mystères qui conduisent la théorie au mysticisme, trouve leur résolution rationnelle dans la praxis humaine et dans la compréhension de cette praxis. »

Marx se réfère ici aux chapitres correspondants du livre de Feuerbach *L'Essence du christianisme*. Feuerbach a essayé de développer une sorte de psychologie des mystères et de trouver ainsi une explication pour leur genèse. Marx pense que cette explication n'est pas satisfaisante. Pour lui, les rites ecclésiastiques sont une mystification de l'expérience existentielle. Selon lui, les mystères occupent la place de la théorie. Marx pense qu'il faut analyser la base matérielle d'où naissent ces mystères, et les porter à la conscience réfléchie, c'est-à-dire montrer leurs contradictions pour pouvoir les résoudre. Il faut démythifier l'être. L'être social est contradictoire.

Dans l'espace religieux, le fait de la contradiction passe à être mystique. Marx exige la réflexion rationnelle, la saisie des contradictions et la praxis renversante pour pouvoir les résoudre dans la pratique.

Neuvième thèse:

> « Le maximum qu'atteint le matérialisme *intuitif*, c'est-à-dire le matérialisme qui ne saisit pas la sensibilité comme activité pratique, est l'intuition des seuls individus dans la ‹ société bourgeoise ›. »

Cette thèse est une allusion à une considération dans « *L'Essence du christianisme* » où Feuerbach critique d'un côté radicalement le christianisme et où il présuppose de l'autre un besoin religieux naturel pour lequel il prévoit dans la société bourgeoise une propre place. Marx ne rejette non seulement cette solution, mais aussi le schéma explicatif de Feuerbach. Marx fait la critique de la représentation (Darstellung) phénoménologique qui règne dans *L'Essence du christianisme* et qui ne déduit pas le comportement social à partir des contradiction réelles d'une société donnée.

Dixième thèse:

> « Le point de vue du vieux matérialisme est la société '*bourgeoise*'; le point de vue du nouveau la société *humaine* ou l'humanité socialisée. »

Marx reprend les suggestions de Feuerbach pour la solution de la crise de la société « bourgeoise » sans les commenter, les critiquer, ni en faire des détails plus précis ce qui montre qu'il les tient pour indiscutable. Par rapport à la onzième thèse, Marx dit que Feuerbach n'offre pas de propositions valables pour la solution des contradictions et de la crise de la société bourgeoise.
Comme antithèse contre Feuerbach, Marx souligne l'identité de l'humanisme et du socialisme: « Société humaine » parce que sans propriété privée des moyens de production et donc sans classes, c'est-à-dire « humanité socialisée ». Ce n'est que dans cette société que l'aliénation est dépassée. La société sans classes offre à l'homme l'émancipation et auto-réalisation.

Onzième thèse:

> « Les philosophes n'ont *interprété* le monde que différemment; il s'agit cependant de le *changer*. »

Orientation par la praxis comme critère pour la fiabilité d'une philosophie. Ce n'est que par l'action sociale que cessent les philosophes d'être rien d'autre que des esprits.

Marx reproche tant à l'idéalisme qui proclame que le réel est le nécessaire, qu'au matérialisme intuitif qui ne fait que contempler, de n'intervenir pas consciemment et téléologiquement dans le changement de la société. Marx revendique

- une activité qui change le monde, ou la praxis révolutionnaire,
- une conscience révolutionnaire libère la société, crée un nouvel être.

Ce n'est que dans l'onzième thèse que le concept de la praxis atteint sa valeur révolutionnaire. L'homme est à la fois le support de l'activité productrice et celui qui renverse cette activité.

Marx sur Feuerbach, résumé

La compréhension des thèses sur Feuerbach souffrait jusqu'à maintenant de la mésinterprétation du terme de la « praxis ». On comprenait par celui-ci – dans le sens moderne – « l'application pratique d'une théorie ». Cette interprétation a conduit à une banalisation des thèses. Par rapport à l'herméneutique, elle est illicite puisque les thèses ne doivent être lues qu'en leur relation avec l'ensemble de l'œuvre de Marx. « Praxis » dans le sens d'une « action planifiée » correspondrait certainement aux besoins des lecteurs politiques qui réduisent donc aussi les thèses à la onzième, mais Marx n'a pas en vue une telle interprétation. « Praxis » veut dire dans les thèses « ce que l'homme fait réellement ». Marx vise l'activité pratico-sensible pour comprendre l'homme à partir de sa base dans le procès de production et non pas abstraitement selon sa pensée, sa foi, sa cosmovision ou ses convictions. Comme les thèses contiennent en germe le programme de recherche et de travail de Marx, la lecture superficielle a conduit à un contre-effet herméneutique de la compréhension de l'ensemble de l'œuvre de Marx. « L'activité sensible » est la production. Dans la société des classes, la production repose sur un rapport d'exploitation. En fait, Feuerbach ne développe pas une ligne qui viserait la signification de l'activité productrice, à l'analyse de laquelle Marx a dévoué toute sa vie.

Dans les thèses sur Feuerbach, Marx adopte encore un point de vue révolutionnaire de la révolution, point de vue relatif si on considère sa vie ultérieure. Nous verrons à quelles restrictions sera soumise sa théorie de la révolution au cours de son évolution.

Marx doit avoir eu ses bonnes raisons de lire *L'Essence du christianisme* de Feuerbach et de consigner par écrit ses opinions sur ce livre. Les thèses sur Feuerbach contiennent implicitement le programme de travail que Marx pense accomplir dans l'immédiat. On verra si l'évolution de Marx s'en approchera ou s'en éloignera.

L'un des problèmes majeures de l'herméneutique des textes de Marx est causé par ses thèses sur Feuerbach. C'est que lui-même n'a pas envisagé de les publier. Pendant son travail durant les quarante années à venir après l'esquisse des thèses, Marx n'a pas réalisé la conception de la praxis ébauché ici. Les concepts marxiens de la « praxis » et de la « révolution » sont demeurés, philosophiquement parlant, des chiffres. Voire, il est retombé dans le matérialisme mécaniste critiqué par lui. Dans l'élaboration de sa conception matérialiste de l'histoire, Marx voit le fondement de la relève des époques dans l'évolution des forces de production. Une époque ne peut périr que si elle est venu à bout et qu'elle a déployé pleinement ses contradictions. La révolution sociale est liée à cette condition préliminaire.

Sources primaire

Ludwig Feuerbach: *Das Wesen des Christentums*, première édition, Leipzig: 1841

Ludwig Feuerbach: *Vorläufige Thesen zur Reform der Philosophie*, 1842

Ludwig Feuerbach: *Grundsätze der Philosophie der Zukunft*, 1843

Ludwig Feuerbach: *Das Wesen der Religion*, 1845

Les écrits plus anciens jusqu'à 1839 montrent toujours un Feuerbach d'orientation hégélienne qui n'a guère des vues originelles. Dans la discussion avec le philosophe qu'était Feuerbach, ce ne sont que les écrits du Feuerbach matérialiste à partir de 1841.

Friedrich Engels: *Ludwig Feuerbach und der Ausgang der klassischen deutschen Philosophie (Ludwig Feuerbach et la fin de la philosophie classique allemande)*, Stuttgart: 1886. C'est dans cet ouvrage que se trouvent publiées pour la première fois les thèses de Marx sur Feuerbach, il s'agit d'une publication posthume.

Karl Marx: *Thesen über Feuerbach (Thèses sur Feuerbach)*, in: MEW 3, 3-7 et MEW 3, 533-535

Friedrich Engels: *Ludwig Feuerbach* …, in: MEW 21, 259-307.

Neuvième chapitre

Marx et Hegel.

Table synoptique

Le culte de Hegel commença immédiatement après sa mort. Pour l'ambiance régnant alors, la fondation d'une « Association des amis de celui qui est passé à l'éternité » est un symptôme. Les cours et les discours de Hegel furent rédigés d'après des sténogrammes et, ensuite, publiés. C'est la discussion sur le sujet de ce que Hegel pense vraiment, qui domine la scène des intellectuels. Les adhérents et les sympathisants se divisent dans une orientation d'hégéliens de droite et un courant progressiste d'académiciens plus jeunes. Même les jeunes hégéliens (Junghegelianer), l'école hégélienne de gauche, ne purent se libérer de Hegel. Leur critique au chef suprême de l'idéalisme allemand n'avait pas un caractère fondamental. Elle ne dépassait pas la critique immanente de Hegel. La critique de Marx aussi est restée immanente. Ce qui les lie est plus important que ce qui les sépare. C'est dans ce sens que la formule chère à Marx de la « critique de Hegel » (au lieu de critique à Hegel) ou « Critique de la philosophie du droit hégélienne » est exagérée. La critique marxienne « à » Hegel ne change rien d'essentiel – aussi paradoxe que cela puisse paraître – par rapport à la dépendance du fondateur du matérialisme historique de la tête de l'idéalisme allemand. Marx se meut à l'intérieur de la logique hégélienne. Il le critique sans faire éclater son système philosophique. Voire, Marx se place sur la conception *totalitaire* de la société qui était celle de Hegel. Le totalitarisme marxien prend son départ déjà par la société capitaliste. Marx réduit l'homme au rôle que le scénario du capitalisme lui a réservé. Marx n'a pas renversé Hegel de 180 degrés, ni posé sur la tête ou sur les pieds comme il aimait bien à se vanter. Ce n'est que la réponse négative et matérialiste de Feuerbach à Hegel qui avait un effet de radicalisation sur Marx. Mais aussi le Marx tardif quoique formellement séparé de l'idéalisme, est demeuré prisonnier dans le système philosophique hégélien et ceci non seulement par rapport à la dialectique.

Comparaison des systèmes de Marx et de Hegel.

Marx souligne le désaccord. Ainsi on perd de vue qu'au-delà du désaccord, il y reste un consensus qui peut être très grand. Dans la question du rapport entre Marx et Hegel, c'est le désaccord qui dominait la discussion jusqu'à maintenant quoique ce qui lie les deux philosophes est beaucoup plus important que ce qui les sépare. Une note du calepin s'occupe de la question de la « Différenciation ». Il est vrai que cette note ne s'occupe pas en général des différences entre Marx et Hegel; il ne s'y trouve qu'un éclaircissement par rapport à la *Phénoménologie* de Hegel. C'est que Georg Wilhelm Friedrich Hegel a développé sa dialectique dans la « *Phénoménologie de l'esprit* » de 1807. Marx a étudié cet ouvrage pour une meilleure compréhension de lui-même. La contradiction à Hegel, Marx l'a comprimée en quatre thèses qui furent rapidement consignées par écrit, qui n'étaient pas prévues pour l'impression et qui constituèrent plutôt un programme de travail. Je considère cependant que cette esquisse est de la même importance que celle des thèses sur Feuerbach. Marx a hautement estimé la *Phénoménologie* et l'a désignée plus tard comme « le véritable lieu de naissance et le secret de la philosophie hégélienne ». La *Phénoménologie* est restée vivante dans le marxisme à cause de la *dialectique*. La dialectique n'est pas le seul héritage que Hegel a légué à Marx. Selon les indications de Marx, sa dialectique n'est pas identique à celle de Hegel. Pour marquer la différence entre la sienne et celle de Hegel, il a dit qu'il l'a mise sur ses pieds. Marx veut dire par là qu'il a mis la dialectique sur un fondement matérialiste. Quant à la philosophie hégélienne, il est nécessaire selon Marx de distinguer une écorce idéaliste et un noyau rationnel. Un tel noyau rationnel serait véritablement la dialectique de Hegel. Pour donner à celle-ci le fondement matérialiste nécessaire, Marx résuma ses pensées également en quatre thèses qui seront reproduites dans la suite. Tant les onze thèses sur Feuerbach que les quatre thèses sur la *Phénoménologie* de Hegel ont leur origine dans la phase de la fondation de la philosophie de Marx. Leur dates de naissance respectives sont très proches, à savoir l'année 1845 pour les deux ensembles de thèses[23].

[23] *Les Thèses sur Feuerbach* et la *Construction hégélienne de la Phénoménologie* sont consignées dans le calepin de Marx des années 1845 à 47.

Marx sur son rapport à Hegel[24].

« *Construction hégélienne de la Phénoménologie*
1. Conscience de soi au lieu de l'homme. Sujet-objet
2. Les *différences* des choses [sont] sans importance, puisque la substance est saisie comme auto-différenciation ou que l'auto-différenciation, le fait de distinguer, l'activité de l'entendement est saisie comme essentielle. Hegel a donc fourni, à l'intérieur de la spéculation, des distinctions réelles qui saisissent les choses.
3. Suppression [Aufhebung] de *l'aliénation* [est] identifiée à la suppression de l'*objectivité* (un côté développé nommément par Feuerbach).
4. Ta *suppression* de l'objet représenté, de l'objet en tant qu'objet de la conscience, identifiée à la suppression *réelle objective*, de l'*action* sensible différente de la pensée, *praxis*, et *activité réelle*. (A développer.) »[25]

Exégèse et commentaire aux quatre thèses de Marx sur Hegel

Quant à la 1ère thèse:

La première thèse a pour objet l'ensemble du système philosophique de Hegel. Il concevait l'histoire de la philosophie comme un procès où l'idée philosophique se concrétise. Hegel conçoit l' « Idée » comme le rapport de sujet et d'objet. La deuxième phrase de la première thèse de Marx: « Sujet-objet » ne peut avoir que ce sens-là. Cette opposition dialectique est identique dans le discours hégélien à « pensée et être ». La première phrase de la première thèse de Marx dit: « conscience de soi au lieu de l'homme » et veut assurément dire: Mettre en branle l'édifice hégélien à partir de ce point central; prendre le départ non pas de la conscience de celui-ci, mais de l'homme lui-même, de l'homme autonome et pratiquement actif, de son être. Dans une première phase de sa philosophie, Marx parle de « praxis » et d' « activité réelle (quatrième thèse), notions qu'il remplacera plus tard par celles de « travail dans le processus de production » et « être (matériel) ». La première thèse tourne autour de la question du rapport entre la conscience et l'être. Marx ne retient que la formule « conscience de soi au lieu de l'homme », et nous comprenons ce qu'il veut dire. Malgré

24 Le texte se trouve dans le calepin de Marx des années 1845 à 47 sur la page 16 et prit naissance en 1845.

25 La source de ce texte reproduit est une publication de l' « Institut-Marx-Engels-Lénine », Moscou, de l'année 1932 (MEW 3, 536).

la sécheresse extrême des paroles de la première thèse, il est possible de ressusciter à la vie sa structure. On peut toujours reconnaître que Marx a trouvé le point d'attaque dans l'ensemble de la conception hégélienne. A savoir, ne pas élever l'idée, mais l'homme à la dignité d'être le fondement de la base historique. Dans la discussion avec l'idéalisme, c'est toujours la question de savoir ce qui est primordial et ce qui est secondaire. Pour Hegel, ce sont l'idée et l'esprit qui sont primordial. La première thèse part de la question du rapport entre sujet et objet, cette question sera reprise dans la quatrième thèse.

Quant à la 2nde thèse:
La substance, l'essence, se cache derrière la forme d'apparition de l'objet. Elle peut donner un fondement commun à des formes phénoménologiquement différentes.

Quant à la 3ème thèse:
Marx pose les fondations pour sa théorie de l'aliénation. Plus tard, Marx déduira l'aliénation du fait de la propriété privée du capital productif et de la séparation des producteurs d'avec les moyens de production. C'est ici qu'il établit la formule:

Suppression (Aufhebung) de l'objectivité = suppression de l'aliénation.

Marx saisit l'objectivité comme pratique (thèses sur Feuerbach) et il veut dire par là le travail dans le processus de production en tant que travail aliéné; Marx retient donc la thèse prononcé ici sur l'aliénation et il la développera dans le cadre de ses travaux ultérieurs où elle sera celle de l'économie politique.

Quant à la 4ème thèse:
Contre Hegel, Marx souligne le fait que le changement n'est pas un changement dans la conscience en tant que « suppression de l'objet *représenté*, de l'objet de conscience ».

Marx postule la « véritable suppression objective » comme condition du dépassement de l'aliénation. Le Marx ultérieur restera fidèle à cette démarche. Le cercle des quatre thèses se referme. La contradiction entre l'homme et l'objectivité doit être résolue dans l'être matériel, dans la production.

Quant au rapport du système philosophique marxien à celui de Hegel.

I. Etre et penser.

Selon Hegel, tant la conscience que la matière sont une extériorisation de l'idée logique objective. Mais qu'est-ce que Hegel veut dire par « idée »? Pour lui, l'idée est le rapport du sujet et de l'objet. Comme pour lui penser et être forment une unité, l'idée représente chez Hegel l'activité de l'objet de l'idéalité et de la réalité. Selon Hegel, l'histoire de la philosophie se développe comme une explication logique immanente de l'idée. L'histoire de la philosophie est un procès de concrétion de l'histoire des idées.

Le principe de l'unité de l'être et du penser en tant que les deux côtés d'une dialectique n'a pas été abandonné dans le matérialisme historique et ne le sera pas. A la différence d'avec Hegel, le marxisme fonde l'unité de l'être et du penser à partir de la primordialité de la matière.

Engels prit la nécrologie sur Feuerbach comme une occasion de préparer une rétrospective de l'histoire de la philosophie du 19ème siècle. Il faut lui en être reconnaissant puisque des questions essentielles ont été mises à point avec précision et brièvement. L'un des deux auteurs classiques avait surtout l'occasion de présenter lui-même le système soutenu par lui en faisant une comparaison à l'intérieur de l'histoire des idées. Ce n'est pas Feuerbach seul qui est au centre de l'ouvrage ce que laisse présumer le titre, mais Marx et Engels et aussi Hegel. La monographie de Engels Ludwig *Feuerbach et la fin de la philosophie classique allemande* est devenue un bilan rétrospectif de l'ensemble d'une époque. La présentation de soi devient encore plus claire par la présentation par autrui. C'est aussi sous cet angle qu'il faut voir l'importance de l'ouvrage de 1886 – donc de la dernière phase d'activité de Marx (qui mourut en 1883) et d'Engels. Selon Engels, Marx et Engels s'alignent sur Feuerbach et non pas sur Hegel:

> « D'un seul coup, il (*L'Essence du christianisme*, de Ludwig Feuerbach, 1841, K.K.) casse la contradiction en élevant à nouveau le matérialisme directement au trône (...). Le ban était rompu; le ‹ système › mis en éclats et jeté de côté, la contradiction était résolue comme étant seule une à l'intérieur de l'imagination. Il faut avoir vécu soi-même l'effet de libération produit par ce livre pour en avoir une idée. L'enthousiasme était général; dans un moment, nous étions tous des feuerbachiens (...). Il n'est pas jusqu'aux erreurs du livre

> qui ne contribuèrent à l'effet momentané. Le style littéraire, voire même par endroits exubérant lui assurait un publique plus grand et était tout de même un rafraîchissement après ces longues années de l'hégélianisme abstrait et abstrus. »[26]

Cette énoncée et d'autres encore, en plus de la contradiction formelle entre Marx et Hegel, auraient pour conséquence de faire paraître les deux philosophes comme irrévocablement opposés. En réalité, ce qui unit Marx et Hegel, est plus fort que ce qui les sépare.

En ce qui concerne l'opposition, Engels écrit: « *La grande question fondamentale de toute la philosophie, en particulier de la philosophie plus moderne, est celle d'après le rapport entre la pensée et l'être.* »[27]

Et vraiment, « l'unité et le rapport entre l'être et la pensée / la pensée et l'être » est un principe clef pour la compréhension de l'histoire de la philosophie. Cependant, il nous faut discuter quelle importance est à attribuer à cette question. Vues les relations en détail constatées au début, on aurait l'impression comme si Engels voulait détourner par la question de la primauté des points en commun et en accord entre Hegel et Marx pour souligner la différence. La signification réelle du thème de la « primauté de la pensée et de l'être » est de loin moins importante que la signification présumée. Ce n'est que si nous mettons au deuxième rang la question de la *primauté* de « pensée et être », que les entrelacements et recoupements des deux systèmes philosophiques apparaissent plus clairement à nos yeux. Par cette synopse de Marx et de Hegel, la question concernant le désaccord et l'accord des deux philosophes, doit apparaître sous un nouveau jour. L'opposition, voire l'exclusion des deux systèmes exagérée dans l'histoire de la critique littéraire, a refoulé jusqu'aujourd'hui beaucoup de communautés et a mis l'ombre le facteur hégélien du marxisme.

---

26 Friedrich Engels: *Ludwig Feuerbach et la fin de la philosophie classique allemande*, (1888), MEW, 21, 272.

27 Friedrich Engels: *Ludwig Feuerbach et la fin de la philosophie classique allemande*, (1888), MEW 21, 261-307, MEW 21, 274.

II.

L’histoire.

Maintenant, nous voulons passer à un autre consensus d’importance entre Hegel et Marx. *Les Cours sur la philosophie de l’histoire* de Hegel exerçaient une grande influence sur les intellectuels en Allemagne et parmi eux furent Marx et Engels. C’est dans ces cours que Hegel croit pouvoir prouver la suprématie de l’esprit européen sur celui des peuples à l’extérieur de l’Europe et qu’il croit en avoir trouvé des raisons. Hegel en déduit la conséquence que l’Europe devrait conquérir le monde. La doctrine de la philosophie de l’histoire mondiale se laisse réduire dans cette phrase brève: « progrès dans la conscience de la liberté ». L’Europe doit dominer le monde pour le libérer. Pour cette dialectique, Hegel reçut une riche récompense: il fut élevé au rang d’un philosophe d’Etat. L’œuvre de la domination sur le monde et de sa libération, ce qui est identique dans cette philosophie, fut commencée par la France sous Napoléon, est continuée par la Prusse et sera accomplie par l’Europe. Ce n’est pas seulement l’euro-centrisme, mais aussi l’impérialisme globale qui était imminent et visé en tant que tâche de la philosophie qui sont élevé par Hegel au rang d’une doctrine universitaire. Depuis lors, on enseigne en même temps que la réception de la philosophie hégélienne l’idée selon laquelle la domination européenne sur le monde est une conséquence de la philosophie, une doctrine de l’histoire mondiale. L’exploitation et l’oppression de l’humanité sont dans cette philosophie un principe moral. Ceci est jusqu’aujourd’hui l’idée maîtresse de l’euro-centrisme. Dans la réception philosophique, les penseurs pris isolément font des déviations dans leurs discours, mais ils conservent ce principe comme idée centrale. Ni chez Marx ni chez Engels, nous ne trouvons – malgré toutes les dissensions d’avec Hegel dans le détail – un rejet de cette idée fondamentale agressive. Au contraire, il restent complètement fidèles à la tradition philosophique de l’arrogance. Dans son écrit *Ludwig Feuerbach et la fin de la philosophie classique allemande*, Engels commence par dire que Marx et lui-même ont posé au début de leurs réflexions le règlement des comptes avec leur conscience philosophique et donc avec l’héritage hégélien. Ce qu’Engels ne pose pas comme négation, a valeur de position, d’accord avec Hegel. Indépendamment de cela, les énoncés de Marx et d’Engels qu’ils ont consignés par écrit et qui portent sur leur rapport aux peuples non-européens, sont si clairs que nous ne sommes pas contraints de recourir à des inductions indirectes.

Le marxisme nous a enseigné d'analyser les phénomène selon la base et la superstructure. Malheureusement, il n'a obéi à cette exigence qu'arbitrairement et jamais d'une façon conséquente. Ce que la « philosophie hégélienne » à titre de superstructure possède comme base, cela est resté une lacune de système dans la pensée marxienne. Ni Marx ni Engels n'approfondissent cette question. Cependant, une application conséquente de leur propre démarche aurait eu pour conséquence une rectification décisive du marxisme. L'impérialisme en tant que système agressivement parasitaire produit la pensée qui lui correspond. L' « idéalisme allemand » est le nom pour l'obligation désintéressée de dominer qui ne cherche rien d'autre auprès des peuples du monde que leur seule richesse, leur seul produit de travail et, si nécessaire, leur vie.

Il y a identité dans la conception du monde et de l'histoire et différenciation dans le discours formel. A quel point la vue de Hegel et de Marx était commune et cependant en même temps complémentaire en ce qui concerne le rapport de l'Europe aux autres peuples non-européens, c'est ce qui soit démontré par l'exemple de la présentation de la Chine. Dans ses *Cours sur la philosophie de l'histoire,* Hegel donne la raison pourquoi, selon lui, les chinois ne sont pas par leurs propres forces en mesure de développer une pensée scientifique dans les sciences humaines ou naturelles:

> « Un empire libre individuel de l'esprit n'a pas de place ici, et cela que l'on peut appeler ici scientifique, c'est d'une nature empirique et a pour tâche essentielle de servir à ce qui est utile pour l'Etat et ses besoins ainsi que pour les besoins des individus. Déjà la manière de la langue écrite est un grand obstacle à la formation de la science, ou plutôt à l'inverse, comme le vrai intérêt scientifique n'existe pas, les chinois ne possèdent pas un meilleur instrument pour la représentation et la communication de la pensée (...) » (G. W. F. Hegel sur la Chine, en: *Philosophie de l'histoire*).

La cause de l'incapacité des chinois de s'élever par leurs propres forces à des performances culturelles plus sublimes, est, selon Hegel, fondée dans la personnalité chinoise elle-même et dans le manque de confiance en soi des chinois en leur ensemble auxquels, affirme-t-il, il n'est pas une horreur de « manger le pain amer de l'esclavage ». Mais comme Hegel ne peut pas nier que dans la société chinoise, les valeurs et avant tout la dignité de l'homme, le respect des autres et la reconnaissance de l'égalité sont cependant reconnus, le philosophe allemand ignore tout cela, car, dit-il, il s'y agit de l'incapacité des chinois de reconnaître des différences et il continue à dire qu'il leur manque la capacité de faire des nuances. De ce labyrinthe d'idées, Hegel termine par conclure ce qui était déjà au début

à la base de ses cours magistraux, à savoir que c'est selon lui le destin de tous les empires asiatiques d'être soumis aux européens. La Chine aussi devra, dit-il, se plier à cette destinée.
Nous arrivons maintenant à Marx, le communiste ce que Hegel n'était point. Le premier confirme en sa manière le dernier. L'Angleterre apporte aux chinois non seulement l'exploitation et la soumission, mais aussi la civilisation. La preuve, dit Marx, en est que déjà maintenant on entend les premières nouvelles (Marx s'y réfère à un missionnaire allemand qui vient de retourner de la Chine) sur des paroles socialistes en langue chinoise. Ce socialisme chinois ne sera, continue-t-il, en comparaison d'avec le socialisme européen et selon en raison du retard de la Chine, que réduit et mutilé, mais toujours un socialisme – venu en Chine grâce à l'invasion par l'Europe. Marx écrit:

> « Le socialisme chinois peut, il est vrai, être par rapport au socialisme européen dans la même relation que la philosophie chinoise par rapport à celle de Hegel. Mais il est néanmoins un fait amusant que le plus vieil empire inébranlable de la terre ait été porté dans huit ans à la veille d'un renversement social par les ballots de coton des bourgeois anglais, renversement qui doit en tout cas avoir les résultats les plus importants pour la civilisation. Quand nos réactionnaire européens arrivent pendant leur fuite prochainement imminente à travers de l'Asie finalement au mur chinois, aux portes qui mènent au nid de l'archi-réaction et de l'archi-conservatisme, qui sait s'ils n'y liront pas l'inscription: République chinoise – Liberté, Egalité, Fraternité. »[28]

Commentaire: Nous ne voulons pas nous attarder au racisme latent de Marx qui, dans ce domaine, ne vaut pas mieux que Hegel. Une Chine civilisée ne peut être qu'un reflet de la République Française. La France comme le future des peuples. A ce moment-là, la France était déjà une puissance coloniale dont la politique fut commencée déjà par la Grande Révolution.

Hegel était possédé par l'idée que l'Europe avait créé le phénomène de la civilisation de laquelle le reste du monde n'a que se nourrir. Aux cultures extra-européennes ne reste que le choix, à savoir celui de suivre le modèle européen. Marx n'est pas un idéaliste, mais un matérialiste. Malgré cela, il n'est pas le contraire de Hegel. Chez Marx, le socialisme est le produit le plus noble de la civilisation. En cela, les cultures extra-européennes suivront selon lui l'exemple européen. Ceci est le Hegel en Marx.

[28] Karl Marx, Friedrich Engels, in: *Revue*, édition Janvier-Février 1850 (article daté du 31 janvier 1850); MEW 7, 222. – La phrase: « République chinoise – Liberté, Egalité, Fraternité » se trouve écrit en français dans l'original allemand, note du trad.

Le rapport entre Marx et Hegel est décrit – du moins chez des auteurs marxistes et par Marx lui-même – comme un rapport d'opposition insurmontable. En réalité cependant, Marx se meut sur un sol hégélien, à l'exception de quelques points isolés qui sont présentés, il est vrai, par Marx et Engels comme l'essence de la philosophie en général, mais dont la vraie signification est à prendre d'une façon très relative. C'est avant tout la question du rapport de l'être et du penser.
La philosophie de Hegel est une construction historique. Hegel cherchait à déduire la philosophie de l'histoire de la philosophie et celle-ci de l'histoire mondiale. L'édifice idéologique hégélien se construit, selon sa propre compréhension, d'après le procès de l'histoire mondiale dont la formation de la théorie n'est qu'une partie. Voire, la théorie en tant qu'histoire des idées est primaire, l'être histoirque est secondaire. Lorsque Hegel posait les fondements de toute sa philosophie, il intégrait en une unité la considération philosophico-historique et la systématique philosophique. Ceci n'est que conséquent, même d'après la compréhension hégélienne de la philosophie. Hegel comprennait l'histoire des idées comme le déploiement de l'esprit « absolu » (et en analogie, la philosophie du droit comme celui de l'esprit « objectif »). La philosophie qui apparaît dans l'histoire par morceaux, est la forme visible de ce déploiement.

En conséquence, l'histoire n'est pas pour Hegel une discipline parmi d'autres. Elle constitue la science fondamentale en général. Considérons maintenant de plus près la conception hégélienne de l'histoire. Il s'agit d'une collection de préjugés et de clichés qui ne résisteront pas à la critique dans aucun point. Les schémas de pensée souvent extrêmement vulgaire furent réunis par Hegel en une histoire mondiale qui devint le fondement de sa philosophie de l'histoire mondiale. De l'histoire des peuples et cultures extra-européens est fournie une image hostile, du moins une image xénophobe, leur histoire est ridiculisée et dévalorisée. Ainsi Hegel obtient le pont vers une glorification de l'image de soi. Ce n'est que par des doxologies que Hegel parle de l'histoire européenne et en particulier prussienne. Des préjugés fondus en syntaxe. La haine des peuples et le racisme sont vendus à la criée en de propositions. Il est vrai que Hegel savait le vieux grec et le latin, mais il ne sut aucune lange étrangère vivante, du moins aucune qui l'aurait qualifié de disserter dans un cours universitaire par exemple sur l'histoire chinoise ou arabe. Il aurait pu s'appuyer de bon droit sur la littérature critique comme l'ont fait d'autres de ses contemporains tel que Goethe (dont Hegel a fait la connaissance à Iéna). Mais il n'a non plus utilisé cette solution. Et c'est précisément cette conception des chinois ou des arabes que nous retrouverons identiquement chez Marx et Engels. Hegel n'est pas resté un épisode dans l'histoire des sciences humaines allemande. Ses idées donnent toujours le cachet à la conception du monde et de l'histoire des allemands. Ce qui frappe est de constater que même des arabologues, islamologues ou sinologues par exemple suivent leur chef philosophique au lieu de se fadétromper par l'étude des sources primaires[29]. Est-ce que c'est Hegel qui a fondé l'euro-centrisme? Ou est-ce plutôt qu'il est issu d'une culture marquée par des préjugés, de la présomption et du sous-estime des autres? Encore aujourd'hui, c'est de cette culture que l'usine de pensée européenne puise ses conceptions. C'est un cercle herméneutique qui se renforce chaque fois.

Hegel n'est pas un auteur qui ne fait que reproduire des préjugés et qui les répandrait comme multiplicateur. Les préjugés sont plutôt codifiés en une systematique philosophique. Celle-ci passe à son tour en tant qu' « idéalisme allemand » à l'histoire dont le sommet est formé par Georg Wilhelm Friedrich Hegel. Il n'est pas étonnant que la culture du préjugé – parce qu'elle est un vol en hauteur philosophique – remplit toujours les cerveaux des blancs. Ignorance et arrogance sont les deux côtés d'une même médaille.

Dans ses *Cours sur l'histoire de la philosophie*[30], Hegel part de l'idée que l'Europe est le berceau de l'idée du progrès et de l'humanisme. C'est pourquoi Hegel ignore le rationalisme arabe en vigueur depuis l'an mille et en particulier la « insāniyyāt » de iḫwān aṣ-ṣafā'. C'est ce qui lui permet d'intensifier son euro-centrisme jusqu'au point de croire que tout ce qui est progressif, voire grand en général a pris son origine dans l'histoire et la philosophie européennes.

Malheureusement, nous n'avons pas encore terminé avec Hegel pour pouvoir revenir à Marx et Engels. Malgré toute la primitivité de la matrice de pensée hégélienne, sa systématique philosophique est néanmoins plus difficile. Les philosophies des différentes régions du monde sont spécifiées comme éléments culturels et, en sus, comme sciences et disciplines particulières. C'est pourquoi l'édifice de la philosophie hégélien doit se présenter aussi comme une histoire de la science. Ce point a toujours une actualité puisque les scientifiques spécialisés germanophones d'aujourd'hui ne sont en général pas en possession d'une gnoséologie appropriée.

29 Il y en a des exemples dans: Khella: *Geschichte der arabischen Völker*, Hamburg: 1994 (les pages sont celles du quatrième tirage): p. 299, p. 524, p. 529 ss.

30 G. W. F. Hegel: *Vorlesungen über die Geschichte der Philosophie*, 3 tomes, Leipzig 1981, Berlin 1984.

Ils s'occupent de leur domaine spécialisé auquel s'ajoute au plus une méthodologie de la science. Ils sont donc dans l'obligation de faire recours à une autorité supérieure pour le méta-plan de leur discipline. Qui est-ce qui s'offre mieux pour cette besogne que le philosophe de la science que fut Hegel? Quelle était la compétence spécialisée que possédait Hegel pour se faire le porte-parole universitaire d'une histoire de la science universelle qui est devenue une partie constitutive de sa philosophie? Ce sont cependant ces conceptions de l'histoire mondiale et de la science qui donnent encore aujourd'hui le cachet à l'historiographie philosophique européenne. C'est ce qui rend Hegel toujours actuel. Dans le marxisme aussi, Hegel continue à vivre comme une source importante. Il y occupe même un espace plus large que les marxistes ne voudraient lui concéder.
Personne n'accuserait Hegel d'être un sympathisant de la « théorie universaliste de l'histoire », puisque je n'ai présenté celle-ci au publique universitaire que deux siècles après ses études. En revanche, Hegel a fondé l'euro-centrisme philosophique. Il est l'auteur de la bipartition du monde: « Europe » et sa « contre-partie ». L'Orient est la « contre-image », l'Asie est le « contre-concept » de l'Europe. L'Afrique est hors de comparaison. De Karl Marx et Friedrich Engels, en passant par Max Weber et Karl August Wittfogel[31], l'Orient est présenté comme contre-projet de l'Europe et l'Europe est recommandée comme modèle au monde. En ceci, tout le monde est resté hégélien.

Maintenant, nous pouvons finalement arriver par ce détour nécessairement long au résultat. C'est précisémant la vision du monde de Marx et d'Engels. Qu'ils prennent congé de l'idéalisme hégélien, on leur en doit une grande reconnaissance. Qu'ils exigent le socialisme au lieu de la philosophie royale prussienne, on les en remercie dûment. Ils sont restés des euro-centristes. La vision du monde, ils la partagent avec Hegel. Elle est le fondement de leur conception de l'histoire qui, il est vrai, n'est pas idéaliste. Marx écrivit en 1844 que Hegel avait saisi ce qui fait l'essence de la philosophie, et qu'il pouvait par conséquent « représenter face à la philosophie prédominante la synthèse de leurs moments particuliers et sa philosophie comme *la* philosophie »[32]. Marx n'a fait qu'une inversion du rapport du penser et de l'être. Comme ces deux derniers représentent les deux moments d'une même dialectique et qu'ils forment une unité, l'importance de leur

31 Karl A. Wittfogel: *Oriental Despotism,* éd. allemande: *Die Orientalische Despotie*, Frankfurt am Main, Berlin, Wien: 1977. Remarquez, S.V.P., la majuscule en « Orientalische » dans la traduction allemande. Un préjugé allemand est repris par un auteur et retourne vers l'allemand comme doctrine.

32 Karl Marx: *Kritik der Hegelschen Dialektik und Philosophie überhaupt,* (1844), in: MEW EB (Supplément) 1, 574.

primauté devient relative. Pour faire justice à Hegel, il est nécessaire d'ajouter qu'il s'efforçait d'établir un rapport à la réalité et de garder l'objectivité. Marx s'est séparé de Hegel dans cette prétention. Cependant, il n'a pas su reconnaître l'essentiel de la problématique de l'idéalisme, et le rejeter. C'est de Hegel que Marx a repris le déterminisme. Chez les deux auteurs, tant chez l'idéaliste que fut Hegel que chez le matérialiste que fut Marx, l'histoire adopte une interprétation téléologique[3333]. A cause de la signification de la conception de l'histoire dans l'ensemble des deux systèmes, pas peu de différences s'effacent tandis que le point de départ spéculatif se place au centre. Ce qui est chez Hegel la succession dans l'évolution des concepts, c'est dans le marxisme la division en époques et la contrainte de la succession de ces époques l'une après l'autre. Ce qui est devenu réalité a dû devenir realité. Tant chez Hegel que chez Marx, c'est le déterminisme téléologique qui détermine l'interprétation du procès historique chez chacun de ces deux penseurs selon leur contenu. La critique marxienne de la religion qui est extrême dans le choix des mots, devient une farce face à la vision spéculative inégalée et au déterminisme inébranlé. Dans leurs conceptions de l'histoire qui varie selon chaque auteur, Hegel et Marx se laissent guider, chacun à sa manière, par des déterminations finalistes de l'histoire mondiale jusqu'à la fin de l'histoire et à la conséquence d'un sommet logique du temps. Chez les deux auteurs, le mouvement du temps vise sans cesse des buts irrévocables et cachés dans ce mouvement. Les deux philosophes croyaient pouvoir induire ces buts par des moyens scientifiques. Ainsi, ils ont abandonné leurs systèmes philosophiques respectifs à la spéculation. A cause de la téléologie, ils ont détruit leurs précieux points de départ dialectique et analytique. Or, l'un est un représentant de l'idéalisme, l'autre le porte-parole du matérialisme; tout cela n'a vraiment plus aucune importance.

[33] Voir au sujet de cet aspect de la critique à la conception de l'histoire de Hegel et de Marx respectivement, l'excellent traité érudit du chercheur soudanais Mahdi, édition anglaise: A. A. M. El Mahdi: *The Structure of historical knowledge – a study of contemporary philosophy of history,* Bergen: 1992. En particulier le chapitre: « Hegel's aim via philosophical history » (pp. 196-202) et « Marx's aim via historical materialism » (pp. 202-210).

III.

L'Etat et la démocratie.

C'est par rapport à la doctrine de l'Etat que la relation de Marx à Hegel est particulièrement intéressante. Bien entendu, Marx pronostiquait un Etat ouvrier dans le socialisme. C'est en ceci qu'il se distingue assurément de Hegel. Cependant il serait vraiment naïf que d'en déduire la construction d'une opposition irréconciliable entre la doctrine de l'Etat hégélienne et la sienne. L' « Etat » développe indépendamment de la problématique des classes aussi des structures propres, p. ex. la bureaucratie et les technocrates qui ont un comportement semblable malgré des systèmes de société différents. Dans la comparaison entre Marx et Hegel, ce sont cependant en particulier les aspects ayant un rapport avec l'organisation de l'exercice du pouvoir, du processus décisionnaire et de l'application de la décision (en dépit de la question concernant le caractère des classes de l'Etat) qui présentent un intérêt particulier. On sait que Marx a étudié bien en détail la philosophie du droit et le droit étatique de Hegel et il leur a dédié un tome à part[34]. Dans cet écrit le jeune Marx a repris même des trivialités et des broutilles de Hegel et il les a critiquées. Nous sommes donc loin de procéder justement par rapport au sujet de l' « Etat » à des spéculations sur les conceptions marxiennes ou de lui attribuer des vues qu'il n'aurait pas eues.

Hegel réclamait l'Etat autoritaire, voire la domination totalitaire. L'Etat hégélien est structuré selon une hiérarchie stricte et il est verticalement construit du haut vers le bas. Comment se présente l'Etat chez Marx? Marx ne connaît ni le pouvoir du peuple ni la démocratie directe ni, à n'en pas parler, la démocratie de la base. Marx a forgé le concept de la « dictature prolétarienne » et il créait ainsi à ses adhérents des maux de tête prolongés. Ils se voient par conséquent dans l'obligation de rendre ce concept agréable aux sympathisants et à ceux à qui Marx s'adresse, sans parler des opposants. Beaucoup d'efforts ont été entrepris pour donner une interprétation positive et bienveillante à cette expression. Pour la justifier, on a dit que la « dictature prolétarienne » est identique à la démocratie (à l'intérieur) de la classe ouvrière qui cependant octroie sa volonté à l'ensemble de la société – dans l'intérêt de la société. Quoi qu'il en soit, la « dictature du prolétariat » n'abrite le moins du monde le point de

---

34 Karl Marx: *Kritik des Hegelschen Staatsrechts*, (1843); Karl Marx: *Zur Kritik der Hegelschen Rechtsphilosophie*, (1844), in: MEW, tome 1, pp. 201-333 et (introduction) 378-391.

départ d'une « démocratie horizontale ». En revanche, par l'expression de « dictature », Marx a donné forme à la réclamation d'un Etat autoritaire, répressif. C'est précisément ce point où se rencontrent Marx et Engels avec Hegel. L'Etat vertical dont l'organisation est celle *du haut vers le bas* – et non inversement – et à qui Hegel a donné ses fondements et que tous les classiques du marxisme-léninisme ont repris, cet Etat relie les systèmes philosophiques apparemment ennemis. Pour Hegel, l'Etat est l'incarnation de l'idée; voilà pourquoi il est idéaliste. Pour Marx, l'Etat est l'instrument de puissance de la classe dominante; voilà pourquoi il estmatérialiste. Pris isolément, cela ne fait pas encore une véritable contradiction par rapport à la question de la pratique de l'Etat. Marx a consacré de longues essais à la question concernant la démocratie. Il a rejeté la démocratie en tant que concept et modèle. Marx n'était pas en mesure de distinguer entre démocratie et démocratie, entre de structures hiérarchiques d'un côté et la puissance du peuple de l'autre, entre le parlementarisme bourgeois en tant que démocratie verticale et la démocratie directe de la base (« démocratie horizontale »). C'est Engels qui élaborait le point de départ marxiste. Lénine fut l'héritier des deux penseurs et il a élaboré dans son traité *L'Etat et la révolution* la théorie d'Etat marxiste. C'est donc chez Hegel et Marx que se répète l' « Etat vertical »[35]. Pour définir le rapport du système philosophique marxien à celui de Hegel, il n'est pas conseillé de souligner seulement les renversements des positions. Beaucoup plus importante est la question qui est celle de constater que les deux systèmes ont une même direction d'attaque quant à des sujets déterminés. Marx énonçait des antithèses à Hegel et il avait ainsi la renommée d'être le fondateur d'une révolution dans la philosophie. On a ignoré le fait qu'il se meut dans le même cercle thématique bien que celui-ci est pourvu du signe inverse.

---

[35] C'est par rapport au concept et au contenu que le terme « démocratie » a été l'objet d'une investigation fondamentale par le philosophe grec contemporain Theodoros Stavropoulos, un ami et collègue de moi. Stavropoulos est arrivé au résultat que la notion et le projet de la démocratie a connu une évolution aberrante extrême dans le parlementarisme occidental. Tandis que le parlementarisme camoufle une structure oligarchique de domination et qu'il légitime l'Etat organisé verticalement, le concept originel réclame une *démocratie horizontale*. Ce n'est pas en tant que cette dernière, mais en tant que structure d'Etat verticale qu'elle a été conçue chez les auteurs classiciste. Voir entre autre les travaux: Th. Stavropoulos: Ho Marxismós méthodos anályses ton Koinonikón Problemáton, Oikonomikós Taxudrómos Noémbrios, 1977; Ho Aristotéles themeliotés tou Epistemonikoú Anthropismoú kai tes Oikonomikés skepsés, Oikonomikós Taxydrómos Dekémbré 1978.

Sources primaires:
G. W. F. Hegel: *Phänomenologie des Geistes*, 1807.
G. W. F. Hegel: *Wissenschaft der Logik*, 1816.
G. W. F. Hegel: *Enzyklopädie der philosophischen Wissenschaften*, 1817.
Œuvres éditées après la mort de Hegel et d'après des sténogrammes (éditions de 1832 à 1845):
G. W. F. Hegel: *Vorlesungen über die Geschichte der Philosophie*, 3 tomes.
G. W. F. Hegel: V*orlesungen über die Philosophie der Geschichte*.
Karl Marx: [*Kritik des Hegelschen Staatsrechts*] (été 1843)[36]
Karl Marx: *Zur Kritik der Hegelschen Rechtsphilosophie*, (introduction) (1844)[37]
Karl Marx: [*Kritik der Hegelschen Dialektik und Philosophie überhaupt*] (1840)[38]

36 MEW, tome 1, 203-256.
37 MEW, tome 1, p. 378 ss.
38 MEW, EB (=suppl.) I, p. 568-588.

Dixième chapitre

Marx fait la conquête de la position d'un critique de la science et de la philosophie.

Un tournant intellectuel.

On est contraint à constater une évolution brutale de la pensée de Karl Marx en plaçant l'étape de transition entre 1843 et 1848. En tout cas, il y a une rupture entre les *Ecrits philosophico-économiques* ou les *Manuscrits parisiens* de 1844/45 et les ouvrages ultérieurs de Marx. Avec *Travail salarié et capital* (avril 1849) se présente un Marx qui s'est libéré complètement de la tradition humaniste et qui ne se sert que du discours du capitalisme. Il demeure que Marx cherche à être accepté et reçu dans les mouvements ouvriers et socialistes. L'effet d'adaptation du théoricien devient clair au vue des traités qui seront discutés en détail dans la suite.

Marx occupe le point de vue d'un porteur de plainte contre la philosophie.

Marx se qualifiait lui-même comme critique de la philosophie contemporaine. L'expression « critique » se retrouve dans ses écrits d'une façon disproportionnée. Une des publications marxiennes porte le titre *Critique de la critique critique*[39]. Pour critiquer celle-ci, on a besoin d'un titre comme « Critique de la Critique de la critique critique ». En effet, une joie intime causée par la critique régnait d'une manière générale. Chez beaucoup d'auteurs, elle n'était peut-être qu'un facteur pour polir leur image publique ou un de leurs objets de prestige, chez d'autres, au contraire, elle était indispensable comme moyen du progrès de la connaissance. Le journal, où l'école hégélienne publiait ses récensions, portait le titre « Annuaires pour la critique scientifique »[40], et signalait ainsi sa prétention à la prédominance. Marx aussi avait une telle prétention. Et à bon droit. En 1844, il créa avec Arnold Ruge une propre publication de récension, à savoir les *Cahiers franco-allemands* »[41] à Paris, qui était d'une vie brève. Il demeure que Marx pouvait publier plus tard des récensions de livres dans des organes de presse à lui ou appartenant à d'autres personnes.

---

[39] Karl Marx, Friedrich Engels: *La Sainte famille ou critique de la critique critique – Contre Bruno Bauer et consorts*, (sept.-nov. 1844), MEW, tome 2.

[40] *Jahrbücher für wissenschaftliche Kritik*, Berlin, fondés en 1826.

[41] *Deutsch-französische Jahrbücher*, éd. par Arnold Ruge et Karl Marx, Paris 1844; ce n'est que le premier numéro double qui a paru; in: MEW 1, 335 ss.

Marx est entré dans l'histoire comme le fondateur d'une nouvelle théorie et méthode de la science que l'on désigne ou bien par son nom à lui ou bien par « matérialisme dialectique et historique » et qui est opposée à la science bourgeoise. Nous voulons examiner la question de savoir comment Marx a acquis cette renommée et ce qu'elle vaut vraiment.

Marx n'a écrit que des ouvrages scientifiques et non pas littéraires. Dès le départ de sa carrière d'écrivain, il a choisi la *polémique* comme méthode de rédaction. Pour ses sujets, il utilisait un adversaire d'opinion. Ses propres thèses, Marx les développait dans les anti-thèses par rapport à l'adversaire choisi. La pièce maîtresse de ce type de littérature anti-thétique est l' « *Idéologie allemande* »:

Karl Marx, Friedrich Engels: *L'Idéologie allemande* – critique de la philosophie allemande la plus récente dans ses représentants Feuerbach, B. Bauer et Stirner et du socialisme allemand dans ses différents prophètes des années 1845 à 46[42].

De par son intention, *L'Idéologie allemande* avait pour but de présenter Marx et Engels au publique politique de gauche non seulement comme critiques de l'idéologie, mais aussi comme représentants de la seule ligne conséquente et correcte. Comme l'éditeur avait pris d'abord son temps et qu'ensuite il n'avait pas fait le nécessaire pour entamer l'impression sans donner des raisons plus détaillées (« circonstances changées »), l'intention des auteurs aurait pu échouer. Cependant, Marx avait atteint son but sans « *L'Idéologie allemande* ». Très prochainement, on met à la disposition de Marx et d'Engels tant d'organes de presse et d'espace d'impression qu'ils ne peuvent les utiliser pleinement. Apparemment, il y avait beaucoup plus de maisons d'édition qui étaient intéressées à protéger les auteurs qui étaient en train de devenir des classiques, que celles qui ne voulaient pas les favoriser. Marx devait valoir ce à quoi il aspirait par son « *Idéologie allemande* », à savoir d'être l'idéologue en chef du socialisme. Que le communisme soit ce qui correspond à la définition de Marx.

L'Idéologie allemande est le premier ouvrage établi conjointement par Karl Marx et Friedrich Engels. Il fait partie de leurs premiers écrits. Mais il rend clair ce qui est le but des deux jeunes intellectuels: ouvrir le débat politique – pour ne pas dire le feu. Il ne s'agit pas d'une discussion de la ligne à suivre qui serait menée avec compréhension et témoignerait d'une

[42] Karl Marx, Friedrich Engels: *L'Idéologie allemande*, MEW, tome 3, pp. 9-530. Quant à sa génèse: Friedrich Engels: *Ludwig Feuerbach et la fin de la philosophie classique allemande* (préface).

ouverture à des alliances, mais d'une bataille d'idées. Les prises en compte ainsi que les débats sont dans la vie scientifique et politique une nécessité sans laquelle le progès de notre savoir n'est pas imaginable. Cependant les facteurs de la motivations devraient être différenciés. Ceux-ci ne sont pas toujours clairs dans le cas de chaque auteur et de chaque publication prise à partie. Dans le cas de Marx et Engels, l'ouvrage qui fut refusé après une longue hésitation par l'éditeur, n'était pas composé sans la finalité des auteurs de se mettre en relief. Une critique acerbe aux adversaires coince les victimes au dernier rang, alors que les critiques eux-mêmes avancent au premier rang. D'autres exemples de ce genre littéraire est:

> Karl Marx / Friedrich Engels: *La Sainte Famille ou critique de la critique critique – contre Bruno Bauer et consorts.* (Ecrit de sept. à nov. 1844.)[43]
> Karl Marx: *Herr Vogt.* – (1860)[44].

Les escarmouches rhétoriques étaient payantes pour Marx et lui valurent tôt la renommée d'un savant oppositionnel. Marx même travaillait à cette image en polémisant sans se lasser pendant toute sa vie contre ce qu'il appelait la « science bourgeoise », par exemple l' « économie bourgeoise ». Ainsi il acquit l'attribut d'un scientifique anti-bourgeois; titre qui bénéficie encore aujourd'hui également de la reconnaissance tant par ses sympathisants que par ses critiques. On devrait se poser cependant la question critique de savoir s'il y a vraiment dans les questions cruciales des différences essentielles entre la science marxienne et celle de la bourgeoisie – à part la rhétorique du discours et la forme.

La rhétorique polémique ne pouvait manquer son but. Marx s'imposait comme un théoricien conséquent et penseur subtil qui partait d'une position de supériorité intellectuelle pour poursuivre des conceptions erronées, penseur qui ne négociait point. L'autorité de l'arbitre en science et en théorie qui s'est haussé lui-même à sa fonction, gagnait vite en importance. On reconnaissait ses jugements, avant tout parce qu'apparemment personne n'était en mesure de refuter la critique de Karl Marx. Il s'agissait ou bien de scientifiques bourgeois qui furent relegués catégoriquement au camps de l'idéalisme ou de la métaphysique, ou bien de socialistes ou de communistes utopiques et d'ouvriers qui ne disposaient pas de l'outillage théorique de Marx et qui ne se sentaient pas à même pour une discussion avec lui. C'est sur la base de cette situation que croissait la position de monopole de Karl Marx à laquelle Friedrich Engels ne pouvait ni voulait rien changer.

---

43 MEW, tome 2.
44 MEW, tome 14, 381-686.

Cet effet, à savoir celui d'occuper la position de la contre-science et de la contre-philosophie, Marx le pouvait augmenter en visant exclusivement le sommet philosophique et sa direction intellectuelle. On y remarquera que Marx ne prend pas au sérieux des personnalités qui, il est vrai, exerçaient une grande influence sur le mouvement ouvrier et socialiste, mais qui néanmoins ne furent guère ou point du tout reconnus par la vie universitaire. Des dirigeants importants tels que Wilhelm Weitling ou Ferdinand Lassalle furent balayés d'arrogance peu collégiale par Marx et Engels. Ceux-ci les disqualifiaient ou les présentaient comme incapables de discussion par des termes tels que « communistes égalitaires », « matérialistes plats et faux » ou « socialistes vulgaires ». Jusqu'à nos jours, ces diffamations injustifiées se collent aux noms de dirigeants politiques que Marx a mis hors de combat avec tant d'insouciance. En revanche, la liste de sa critique embrasse les étoiles du monde académique de Hegel et Feuerbach en passant par Bruno Bauer et Proudhon jusqu'à Adam Smith et David Ricardo, pour ne nommer que les exemples les plus importants. Il est vrai qu'une partie de la critique ne vit le jour que lors de l'édition des œuvres posthumes, mais il était prévu par Marx de la faire publier après sa mise au point.

C'est la polémique comme principe littéraire et non la présentation de sa propre pensée sans adversaires auxquels ils pourrait se référer, que Marx retiendra pendant toute sa vie. A vrai dire, on ne peut reprocher ce fait à Marx, c'est plutôt l'inverse, c'est un avantage à son compte. Quelques-unes des passages sont bien réussis. La controverse contribue à mieux comprendre la thèse et l'antithèse. Un bon exemple pour cette réussite est *La Misère de la philosophie – réponse à la philosophie de la misère de Proudhon* que Marx a rédigé dans le premier trimestre de 1847[45]. Marx a mené la guerre littéraire avec des armes inégales. Ses adversaires étaient toujours perdants. Je ne peux les nommer ici l'un après l'autre. Néanmoins, on devrait nommer ici encore Bakounine qui est devenu la victime de la critique marxienne exagérée, injustifiée et en partie diffamatoire et qui devrait être réhabilité aujourd'hui.

Au fond, Marx doit aux victimes de sa rhétorique plus de reconnaissance que de critique. Et cela non seulement parce qu'il s'est fait un nom à leur dépense. Du point de vue de l'histoire des idées, ces adversaires d'opinion

[45] Karl Marx: *Das Elend der Philosophie – Antwort auf Proudhons Philosophie des Elends*, MEW 4, p. 63-182. Le titre « La Misère des philosophes » a existé déjà dans l'histoire de la littérature et y a été introduit par le philosophe arabe al-Ġazālī (mort en 1111): tahāfut al-falāsifa. A cela Ibn-Rušd (mort en 1198) répondit par « tahāfut at-tahāfut » (destructio destructorum). Les deux ouvrages avaient été traduits en de langue européennes, parmi celles-ci le latin, et ont dûs être connus par Marx.

servaient très souvent de source pour la pensée marxienne. Pour la constitution de son système théorique, Marx employait trois sources principales: pour le domaine de la philosophie et de la dialectique: Georg Wilhelm Friedrich Hegel (1770-1831); pour le matérialisme: Ludwig Feuerbach (1804-1872); pour le socialisme: Claude-Henri Comte de Saint-Simon (1760-1825); pour la doctrine économique: David Ricardo (1772-1823) dont l'œuvre formait le sommet de l'économie politique classique, et Adam Smith (1723-1790), l'économe anglais le plus important avant Ricardo et qui avait développé la doctrine économique, sa forme et sa systématique. Marx s'efforçait d'établir une synthèse de ces auteurs, ce par quoi le marxisme lui-même est né. La dialectique de Hegel et le matérialisme de Feuerbach furent unis et développés jusqu'à l'aboutissement au matérialisme historique et dialectique. D'autre part, le matérialisme a été saisi et analysé réductivement dans sa forme d'économie politique ce par quoi l'économie devint la base de la conception marxienne de l'histoire. Marx n'a guère honoré l'importance de ses propres maîtres. Il ne les nomme que sous l'aspect de la critique, voire de la réprobation comme si il ne leur devait rien. Il les mettait à nouveau sur leurs pieds, avait-il coutume de dire. Ou, il défendait, disait-il, précisément le contraire, et la comparaison des sources nous montre, que le lien de Marx à ces autorités est beaucoup plus fort que la distance qu'il a prise par rapport à celles-ci. D'une façon générale, Marx ne pensait que rarement de manière bienveillante de quelqu'un; en revanche, il était fortement engagé à profiler sa propre image.

A l'occasion d'une prise en considération de l'ensemble de l'œuvre de Marx, il nous faut souligner une autre disparité qui met en relief l'ambivalence de notre auteur. Marx qui se comprenait lui-même d'une manière absolument politique, ne le tint pas pour nécessaire de s'expliquer avec les chefs de file de l'impérialisme allemand et européen. Bismarck et Moltke étaient des représentants de cette politique. Moltke, par exemple, a rédigé des œuvres qui se sont avérées comme fondamentales pour l'impérialisme. Il aurait été d'un grand secours pour tous les anti-impérialistes si Marx y aurait du moins attiré leur attention. Cela aurait assurément eu plus d'importance tant en théorie qu'en pratique que le fait de nommer les nombreux auteurs d'intérêt principalement académique, mais qui avaient le droit d'occuper une large place dans l'œuvre marxienne. Voire, Marx aurait dû se sentir obligé de prendre son temps pour cette tâche, depuis qu'on lui avait publiquement reproché d'avoir été secrétaire privé de Bismarck. Cela fut une sensation qui ébranlait la gauche européenne. Contre cette accusation, Marx a déclenché une campagne épistolaire pour convaincre de sa loyauté des dirigeants importants tels que Wilhelm Liebknecht[46]. Nonobstant, ces reproches ne furent pas une occasion pour lui de faire des représentants de l'impérialisme allemand l'objet de sa critique ce qui serait toujours d'une très grande actualité. En revanche, Marx dirigeait sa critique exhaustive, voire écrasante contre les représentants des courants divers de la gauche et les mouvements socialistes tels que par exemple dans les ouvrages *L'Idéologie allemande* et *Critique du programme de Gotha*. En plus, Marx aurait été appelé d'urgence de fournir après coup la critique qu'il a négligée, puisque même la presse lui adressait le reproche d'être un « agent de Bismarck »[47]. Ces nouvelles spectaculaires mirent le mouvement en ébranle. Cependant, Marx préférait de justifier sa personne, au lieu de rattraper le retard pris et de comprendre la critique adressée à lui comme une invitation de mettre les dirigeants de la politique impérialiste sur le banc des accusés et de faire un bilan clair par une critique substantielle. On pourrait objecter qu'ainsi Marx aurait personnalisé l'impérialisme. Mais quoi d'autre fut l'œuvre de Marx qu'une dispute avec des personnes. Cette dernière tâche aurait été peut-être superflue si, au lieu de cela, Marx avait démontré par ses analyses que l'Etat prussien ou allemand était la puissance qui supportait l'impérialisme. On a beau tourner et retourner le problème, le choix de ses adversaires ne correspond nullement à la prétention qu'on prête au fondateur du marxisme-léninisme.

[46] Par exemple: MEW 33, p. 203.

[47] MEW, 33, p. 203.

Onzième chapitre

Mouvements politiques et organisations révolutionnaires.

Synopse:

1. Quant à l'histoire de l'idée du communisme et du socialisme
2. La Ligue des Réprouvés (Bund der Geächteten, jusqu'à 1840)
3. La Ligue des Justes (Bund der Gerechten (1836-1847)
4. Wilhelm Weitling (1808-1871)
5. Les sources premières (I)
6. Wilhelm Weitling et la « République social-démocrate »
7. De la littérature révolutionnaire et pseudo-révolutionnaire au 19ème siècle
8. Marx et Engels s'organisent
9. La Ligue des Communistes (1847-1852)
10. Résiliation de la « fraternité » de la part des socialistes européens
11. Les sources premières et textes à l'appui (II)
12. La préhistoire extra-européenne de mouvements politiques européens

Rétrospective sur l'histoire de l'idée communiste et du socialisme.

L'euro-centrisme est une forme particulière de falsification de l'histoire. La présentation de l'histoire du socialisme est un de ses chapitres les plus lamentables. Presque toute la littérature spécifique considère que le socialisme est une évolution vraiment européenne, et elle passe sous silence sa préhistoire arabe. C'est pourquoi je voudrais commencer ce chapitre par un bref résumé de l'idée communiste et nous fournir une rétrospective sur l'histoire du communisme et de la société socialiste. Le socialisme connaît une histoire de loin plus ancienne que 4000 ans, qui, pour l'essentiel, se déroule dans le monde arabe.

La première révolution sociale dirigée vers le communisme fut proclamée en Egypte et amena la chute de l'Ancien Empire (2635-2155 a. C.). La Sixième Dynastie fut succédée par la Septième Dynastie qui réalisa le principe égalitaire avec toutes ses conséquences. Pour empêcher une concentration de pouvoir dans la main d'un seul chef d'Etat, chaque pharaon de la Septième Dynastie ne gouvernait qu'un jour. Celle-ci était composée de soixante-dix pharaons qui, ensemble, gouvernait soixante-dix jours. Du temps du soulèvement et de la réorganisation sociale consécutive (2155-1991 a. C.), de volumineux écrits contre l'Etat autoritaire sont parvenus à notre connaissance. Des utopies sociales furent développées et des conceptions sociales furent passées à l'écrit.

La restauration qui s'était imposée avec l'entrée en fonction d'Amenemhet Ier (1991-1962 a.C.) et qui avait conduit à la montée de l'Empire Moyen (1991-1786 a.C.), obligeait les forces de la résistance d'agir en conspirant[48]. Ces mouvements ont aussi cherché et trouvé de formes littéraires nouvelles pour communiquer avec leurs groupes ciblées. Un nouveau genre littéraire en est né: la littérature clandestine. Les cadres et ses sympathisants sont préparés à leurs tâches révolutionnaires sans être contrôlés par l'Etat. Des époques évolutionnaires et révolutionnaires se succédaient au cours de l'histoire; les formes de l'agitation et de la propagande changeaient à l'avenant. Des périodes de travail clandestin et publique se succédaient.

Une forme littéraire populaire est issue de la longue histoire de la culture de résistance, nous pouvons démontrer son existence également en Egypte au plus tard à partir de l'an 150 après Christ et elle est connue sous le nom de « catéchisme ». C'est précisément cette forme que Marx et Engels avaient rencontrée directement (en langue allemande). Cependant, entre la vieille forme connue par nous de la catéchèse et celle du 19ème siècle, il y a encore une longue évolution à parcourir que nous voulons brièvement présenter. Une catéchèse est marquée par le fait que l'enseignement se fait par questions et réponses.
Exemple:
Question: Qu'est-ce que le communisme?
Réponse: Le communisme est l'indépendance de l'exploitation de l'homme par l'homme.
Question: Comment doit être réalisé le communisme?
Réponse: Par la propriété communautaire.

Le catéchisme est encore à nos jours connu dans l'éducation ecclésiastique des enfants et des jeunes gens. Mais cela n'est qu'une forme particulière du développement du catéchisme qui fut déjà employé par la vieille Eglise qui était à l'origine un mouvement clandestin. Le catéchisme chrétien est également apparu pour la première fois en Egypte. C'est d'après lui qu'on a nommé la première école théologique de l'œcuménisme: l'école catéché-

[48] Karam Khella: *Geschichte der arabischen Völker,* 4ème éd., Hambourg: 1994, pp. 405-414.

tique d'Alexandrie (fondée en l'an 150 p.C.). A cela s'ajoute que seul le nom est commun au christianisme de cette époque-là et au christianisme occidental. Le christianisme primitif était un mouvement de résistance qui s'était soulevé contre la domination romaine étrangère et de classe. Le catéchisme était en même temps une instruction à la désobéissance envers l'autorité. La victoire tardive du christianisme paulinien avec son exigence d'être obéissant envers l'autorité[49] entraînait l'alliance de l'Eglise et de l'Etat. Cela constituait un grand revers pour les mouvements de résistance. Pendant les siècles suivants de répression, la littérature clandestine gagne de plus en plus d'importance. Le sommet d'écrits oppositionnels est assurément formé par les matériaux d'instruction des « Frères Pures » (rasā'il iḫwān aṣ-ṣafā'). Il s'agissait de missives qui traitaient dans chacune d'elles d'une manière systématique un domaine doctrinaire qu'elles préparaient sous le point de vue didactique. Leur étendue de contenu embrassait toutes les branches de la science ainsi que tous les domaines scientifiques. Ceux auxquels s'adressent ces missives, sont formés d'après un plan tant par l'enseignement direct que par « lettres ». Et ils acquirent un savoir universel. Au centre de cet enseignement, il y avait l'humanisme, Insāniyyāt, suivi par les mathématiques, les sciences naturelles, la biologie, la musique et finalement la philosophie, l'histoire et les sciences sociales. La discipline des sciences politiques expliquait la réformation de la société selon des principes communistes, égalitaires; iḫwān aṣ-ṣafā' wa ḫillān al-wafā' – c'est le nom complet du collectif d'auteurs – ont composé leurs travaux autour de l'an mille et ils doivent avoir été proches des Qarmaṭs desquels nous allons parler dans la suite.

La société socialiste qui faisait preuve de la plus grande longévité sous le point de vue de l'histoire universelle, fut construit en Arabie sous la direction scientifique des Qarmaṭes[50]. De longue haleine, le communisme fut transformé d'idée en réalité et la théorie fut appliquée à la pratique. En partant de l'Arabie, nommément du Baḥrain, le socialisme se répandit dans tout l'Est arabe atteignant la Perse et l'Anatolie. De 900 à 1100 p.C., l'Etat socialiste arabe était d'une constitution solide. Une société égalitaire sans classes et sans propriété privée des moyens de production existait réellement et fut confirmée et renouvelée par chaque génération humaine. Des Dā'īs Qarmaṭes, c'est-à-dire des porteurs d'idées, étaient envoyés à travers le monde pour propager l'alternative socialiste. Ils traversaient l'Afrique jusqu'à la Côte Atlantique, jusqu'aux profondeurs de l'Asie et loin dans le Nord de l'Europe. La réaction sombre d'Europe et l'Eglise catholique

49 Cf. Saint Paul, *Lettre aux Romains*, 13, 1-17.

50 Karam Khella: *Geschichte der arabischen Völker.* – 4ème éd. – Hambourg: 1994, pp. 163-166.

romaine s'éveillèrent. La mobilisation contre les Arabes battait son plein. D'une façon définitive, l'Etat Qarmaṭe ne fut cassé que par les croisades barbares des Européens. Certes, les croisades se réitéraient, nonobstant ils sont restés épisodiques. Car les idées révolutionnaires ne furent pas détruites. Même après les croisades, les hommes de la région ne cessaient de réaliser avec plus ou moins de succès l'idée socialiste.
De nombreux mouvements arabes de justice faisaient de l'agitation durant des siècles et portaient les idées de l'égalité, liberté et fraternité en Afrique, en Asie et en Europe. Des communautés et fraternités socialistes furent proclamées. Elles ont laissé des traces vivantes dans le monde arabe et afro-asiatique. La présentation des mouvements de justice dans toutes ses facettes dépasserait le cadre de ce travail; je me permets de renvoyer le lecteur à mon exposé qui se trouve ailleurs[51]. Les adhérents de mouvements de justice qui ont vécu en Europe, y apportèrent non seulement les idées, mais aussi les formes littéraires et organisationnelles. Les matériaux furent traduits dans les langues populaires européennes qui n'étaient pas jusqu'alors des langues littéraires pour rapprocher le socialisme de ceux à qui, au fond, il s'adressait: aux bannis, exploités et opprimés, aux travailleurs qui ne savaient pas le latin.
Pour le moment, il n'est pas possible d'établir le moment précis où le premier catéchisme communiste en langue allemande est né. La « Ligue des Réprouvés » disposait d'un propre catéchisme socialiste qu'elle a hérité et actualisé à partir des précurseurs du 18ème siècle. La « Ligue des Justes », organisation qui a succédé à la « Ligue des Réprouvés », a mis à jour ce catéchisme. C'est sur cette base que les membres ainsi que les sympathisants – parmi eux aussi Karl Marx et Friedrich Engels – furent introduits dans la théorie et pratique du communisme.

La « Ligue des Réprouvés » (jusqu'à 1840).

Cette ligue rassemblait un très grand nombre de révolutionnaires aguerris, reconnus et qui avaient l'expérience de la réalité. C'était le point de rencontre de beaucoup de révolutionnaires que nous connaissons, et encore de davantage de révolutionnaires que nous ne connaissons pas parce qu'avant tout ces derniers qui étaient des autorités de mérite, n'ont pas légué des traces écrites à la postérité. Cependant, ils bénéficiaient d'une grande réputation auprès de leurs camarades et apôtres. Cela, nous pouvons le déduire du seul fait que ces organisations ont eu une existence et qu'elles pouvaient résister à la dure répression, surtout de la part de la Prusse. Leurs adhérents témoignaient d'un grand respect d'elles et leurs ennemis les

[51] Karam Khella: *Geschichte der arabischen Völker.* – 4ème éd. – Hambourg: 1994, pp. 97-166

craignaient. Les dirigeants d'une organisation clandestine devaient occuper une place dans la vie publique et disposer de contacts internationaux. A la suite de l'importance de plus en plus grande de la réaction en France et en Allemagne, les forces révolutionnaires optaient pour l'illégalité. C'était au début de 1834 que les idées politiques et organisationnelles de la future « Ligue des Réprouvés » furent conçues. La tâche principale était pour la ligue la préparation conspirative d'un renversement révolutionnaire en Allemagne. L'Etat poursuivait ses membres et sympathisants par la mise en place de la terreur de la police et de la justice. C'est à partir des dossiers d'instruction et de la cour que nous gagnons une idée impressionnante de la conscience, de la discipline et de l'organisation rigoureuse de la « Ligue des Réprouvés ». Cependant, la fermeté, organisationnelle, différentielle, ne doit pas nous cacher le fait que la « Ligue des Réprouvés » est issue d'un contexte plus ancien et de traditions existant déjà depuis longtemps. La « Ligue des Réprouvés » dont l'existence est attestée à Paris et à Francfort jusqu'en 1840, se convertit dans la « Ligue des Justes ».

La « Ligue des Justes » (1836-1847).

La « Ligue des Justes » (appelé aussi « Ligue de la Justice ») naquit dans la période de 1836 à 1838. Elle était issue de la « Ligue des Réprouvés » et elle continuait ses traditions. Dans le cas des « Justes » il s'agissait aussi d'une organisation politique clandestine dont les membres étaient des ouvriers et artisans conscients et actifs. Ce qui est parvenu à nos jours est le réseau de communication qui liait des « paroisses » (selon l'expression alors en vigueur) en Allemagne, en France, en Angleterre et dans la Suisse. Cependant, les dirigeants du mouvement clandestin ne sont pas aussi anonymes. A vrai dire nous ne connaissons que relativement peu de noms qui furent mentionnés sous quelque forme que ce soit. Quelques-uns se sont faits connaître comme auteurs de livres.

Wilhelm Weitling (1808-1871).

La personnalité la plus significative par rapport à cet éventail de dirigeants clandestins était un compagnon tailleur du nom de Wilhelm Weitling (1808-1871). Il a formé les adhérents, les jeunes gens, et leur a donné une conscience combative et une orientation révolutionnaire. Ses versets ont trouvé un accès au marxisme et même dans notre propre vocabulaire. Je voudrais mentionner une phrase que tu as sûrement prononcée très souvent: « L'exploitation de l'homme par l'homme » – pour caractériser la société des classes, contre laquelle nous luttons. Cette phrase est de Wilhelm Weitling. « Les noms de la République et de la constitution, si beaux qu'ils soient, ne suffisent pas pour eux-mêmes; le pauvre peuple n'a rien au ventre, ni rien pour s'habiller et doit toujours s'esquinter; voilà pourquoi la prochaine révolution doit être sociale si elle doit apporter une amélioration. »[52]

Christian Wilhelm Weitling fut né à Magdebourg le 5 octobre 1808 et mourut dans l'exil new-yorkais le 25 janvier 1871. Weitling était une personnalité impressionnante, d'une grande influence, ancré auprès des pauvres et respecté par les intellectuels. Il prônait par la parole et par l'écrit le communisme, l'humanisme et la propriété communautaire. Pour lui, il allait de soi que le communisme n'est pas une philosophie abstraite, mais une pratique révolutionnaire. Il attirait des adhérents convaincus, les organisait et travaillait en vue de la restructuration révolutionnaire de la société. D'abord il exerçait ses activités dans la « Ligue des Réprouvés », ensuite il fut co-fondateur de la « Ligue des Justes » et, finalement, il collaborait à la « Ligue des Communistes ». En outre, Weitling était en liaison avec beaucoup d'organisations clandestines qui avaient confiance en lui et qui avaient besoin de sa capacité d'instruction. Il était un point de référence de l'opposition illégale. Un coup d'œil sur un dossier de police nous donne une vive impression tant de son engagement révolutionnaire que de la panique des classes dominantes dans les années quarante du 19ème siècle. Au cours d'un interrogatoire, le libraire Julius Campe de Hambourg faisait la déposition suivante le 28 décembre 1849:
« J'ai fait la connaissance du tailleur et communiste Wilhelm Weitling, ici, pendant son passage vers l'Angleterre en 1844. Il m'offrit alors ses poésies écrites dans la prison en vue d'une édition, et ce fut davantage par compassion pour sa situation alors financièrement très misérable que je lui achetais cette œuvre pour dix Louis d'or. L'année dernière il revint ici à Hambourg et passait de temps à autre dans ma librairie. Depuis beau temps déjà, il a quitté Hambourg et se trouve de nouveau à New York, ce que je sais pour la raison que j'ai transmis moi-même une lettre de Weitling adressée de New York à Leipzig pour le libraire Brauns. Avec ce libraire Brauns, Weitling est en relation dans la mesure où il lui a confié en commission cinq ou six-cents exemplaires de son livre ‹ Garanties de l'harmonie et de la liberté ›. Pour ces livres qui se trouvent chez Brauns, j'ai, il y a quelque temps, fait une avance de 100 Courants Marks parce qu'il m'en a demandé dans une lettre que Mme Starke m'a transmise; j'ai écrit à Brauns par rapport à cette affaire, mais je n'ai pas encore reçu de réponse. Il y a à peu près trois ans que Wilhelm Weitling m'a proposé la

52 Wilhelm Weitling: *Die Menschheit – wie sie ist und wie sie sein sollte (L'Humanité – telle qu'elle est et telle qu'elle devrait être)*. - Paris: 1839 (deuxième éd.: Bern: 1845; 3ème éd.: Bern: 1847; 4ème éd.: New York: 1854).

vente d'un épais manuscrit concernant ses impressions suisses, pour 200 livres Sterling, cependant je n'y accédai pas pour raisons de mes propres intérêts, je n'y accédai tout aussi peu que lorsqu'il me proposa en 1848 l'édition d'un périodique communiste. »[53]

Weitling, qui vivait constamment dans la misère matérielle, était contrôlé par l'appareil de répression comme un ennemi redoutable de l'Etat et persécuté par les organes de police, n'a jamais cessé d'être un auteur créatif. Ses écrits qui sont révolutionnaires dans le sens de l'émancipation de l'Aufklärung et cela jusqu'au militantisme, devraient être aujourd'hui redécouverts. La répression constante d'un côté et la misère financière tant de lui-même que chez les camarades de l'autre sont la cause de ce qu'une grande partie des ses travaux n'ont été publiés qu'en édition posthume, en partie soixante ans après sa mort.

Sources primaires (I).

Wilhelm Weitling: *Die Menschheit – Wie sie ist und wie sie sein sollte (L'Humanité – Telle qu'elle est et telle qu'elle devrait être*, note du trad.) fut publié a Paris à peu près pour le nouvel an 1838/39. C'était son premier livre. D'une manière offensive, il y adopte le point de vue du communisme, de l'universalisme et de la fraternisation des peuples.

Wilhelm Weitling: *Garantien der Harmonie und Freiheit (Garantie de l'harmonie et de la liberté*, note du trad.; paru dans le Theorie und Praxis Verlag), décembre 1842 (une édition commémorant le centième anniversaire de Weitling avec une introduction biographique et de notes fut publiée par Franz Mehring à Berlin en 1908 (dans « *Vorwärts* »).

En vue d'une appréciation correcte de ce dernier ouvrage dans le contexte historique, il serait nécessaire de se reporter aux dossiers du ministère publique. Le déblayage du matériau entraîne des surprises. Alerté par la distribution de l'ouvrage, l'appareil d'Etat poursuivait le livre et le sortait des librairies. Des libraires furent interrogés sur leurs contacts avec l'auteur et ses livres. Dans une interrogation du libraire hambourgeois Campe, celui-ci déclare que Weitling lui avait donné en commission « cinq ou six-cents exemplaires de ses *Garanties de l'harmonie et de la liberté*. Ce nombre permet de conclure que la demande a été assez vive et que l'éventail des lecteurs de Weitling était large. Le ministère publique ne semble point avoir sous-estimé l'importance de la distribution de cet écrit. Dans d'autres

[53] Edité selon les dossiers du Hamburger Staatsarchiv, Série V, Lit. V, N° 3072, fasc. 5, feuillets 17-19 (Actorum 48), dans: E. Barnikol, Kiel 1931, pp. 60-61.

villes également, des libraires furent convoqués à l'interrogatoire. Le 20 mars 1850, le ministère publique s'adressa à nouveau à Campe pour le confronter avec sa déposition selon laquelle il s'agissait de « 5 ou six-cents exemplaires » et aussi avec la déposition du libraire Brauns de Leipzig qui avait indiqué avec précision le nombre de « 338 exemplaires ». Campe fut obligé d'avouer qu'il s'était agi de beaucoup plus[54]. D'ailleurs, Weitling a consigné ses contacts dans un journal précis qu'il a plus tard en partie détruit pour raison de sécurité. Ce qui est certes parvenu à nos jours est une comptabilité soignée sur ses livraisons et ses factures qui ont été consignées dans un carnet d'adresses[55]. La correspondance de Weitling nous montre aussi combien le révolutionnaire professionnel sans moyens a souffert d'un manque en argent liquide et qu'il devait faire des efforts pour obtenir un seul franc.

L'Evangile du pauvre pécheur, de Wilhelm Weitling, fut imprimé à Zurich en été 1843 et confisqué aussitôt après la mise en vente, l'auteur fut condamné à une année (50 semaines) de prison. Des amis de Weitling purent sauver le manuscrit confisquée et le faire réimprimer. Après sa libération, Weitling a corrigé *L'Evangile*, l'a augmenté et fait réimprimer en 1846 de sorte qu'il y avait d'abord deux éditions parallèles. Plus tard, c'est l'édition revue qui s'imposait. Déjà à cette époque-là les sympathisant du dirigeant communiste faisaient le nécessaire pour que le prix restât accessible à « chaque indigent ». Ils se partagèrent les coûts de l'impression.

Weitling est, de plus, l'auteur des ouvrages suivants: *Justice, Œuvre sociale* – ouvrage qui a été utilisé par Weitling sous la forme d'un article dans *La République des travailleurs* –, *L'Astronomie, La Classification de l'univers* et *La Classification de la langue universelle*, qui datent des années 1844 à 1849; *La Doctrine générale de la logique et du penser*, bref *La Doctrine du penser* fut une œuvre dont la genèse accompagnait Weitling pendant 25 années (!) (1844-69). *Le Système de vérité, La Théorie du système du monde* (un ouvrage astronomique), *La Matière première du mouvement – une image de l'univers, Discours de réunion et sermons communistes dans la ligue de libération de Hamburg-Altona 1848/49.*

54 Hamburger Staatsarchiv, Série V, Lit. V, N° 3072, Fasc. 5, feuillet 17-19.

55 Ed. comme supplément, in: Wilhelm Weitling, *Klassifikation des Universums,* Kiel 1931, p. 60.

Weitling et la « République social-démocrate ».

Le ministère publique auprès du tribunal royal de la ville de Berlin communiqua le 24 janvier 1850 au chef de la police de Hambourg: « En l'année 1846 fut supprimé ici une association qui semblait poursuivre des tendances communistes et révolutionnaires. Le fondateur de cette association était un compagnon tailleur du nom de Mentel. » « Car Mentel est, comme il a déposé, allé en l'an 1840 à Paris, y a fait la connaissance de Weitling et a été admis par ce dernier, le 15 novembre 1840, à la ‹ Ligue de la justice › qui avait plusieurs sections dont Weitling présidait une. » Plus tard, Weitling est allé à Londres où il y avait une ligue semblable et où Mentel l'a rencontré de nouveau en 1845. L'année passée, c'est-à-dire au printemps, fut découvert alors ici une association communiste à la tête de laquelle était le cordonnier Haetzel. Les statuts de cette association qui s'appellent « Statuts fédéraux du parti révolutionnaire », sont entre mes mains et dont l'article n° un dit: « Le but de la fédération est l'avènement d'une république, unie, indivisible, social-démocrate. » Les principes de ces statuts et l'organisation de la fédération sont en accord avec ce que Mentel a indiqué par rapport aux statuts de la ‹ Ligue des Justes ›. Bien que Haetzel n'ait pas nommé les membres de la fédération et qu'il ait affirmé d'avoir obtenu les statuts par l'intermédiaire d'un émissaire envoyé de Londres, il est très probable que ce prétendu émissaire n'est personne d'autre que Weitling; car celui-ci échangeait des lettres avec Haetzel et était au moment où Haetzel prétend avoir reçu les statuts, ici même en automne 1848. »[56] L'ennemi d'Etat qui était classé dangereux, fut arrêté finalement à Hambourg, expatrié et déporté aux Etats-Unis. Dans l'exil de New York, Wilhelm Weitling mourut le 25 décembre 1871.

De la littérature révolutionnaire et pseudo-révolutionnaire au 19ème siècle.

Des dossiers de la police on peut conclure sans aucun équivoque que la littérature de langue allemande était complètement sous contrôle d'Etat. Le seul fait de posséder un livre de Weitling était considéré dangereux. En revanche, les ouvrages de Marx et d'Engels n'avait rien à craindre dans les étalages. Voire, l'Etat se chargeait habilement de répandre leur littérature. La presse d'Etat et les médias à son service offraient à Engels une large place de publication pour recommander l'œuvre maîtresse de Marx à un grand public[57].

---

[56] Archive d'Etat de Hambourg (Hamburger Staatsarchiv), série V, Lit. V, fasc. 6, feuillets 38-41. Supplément à W. Weitling, *Klassifikation des Universums,* Kiel 1931, p. 61.

[57] Exemples: « *Staats-Anzeiger für Württemberg* » du 27 déc. 1867; le « *Neue Badische Landeszeitung* » du 21 janvier 1868, et d'autres exemples.

1845 à 1846.

Depuis 1844, il y avait en Allemagne une organisation du nom de « Wahrer Sozialismus » (« Vrai Socialisme »), une dénomination qui nous indique que des forces différentes prétendaient de représenter la juste ligne. Marx et Engels combattaient ce courant. Dans *L'Idéologie allemande* écrit de 1845 à 46, ils ont examiné les tendances contemporaines de la philosophie en langue allemande et discuté leurs représentants, en particulier Feuerbach, Bauer et Stirner et critiqué le « socialisme allemand sous sa forme de ses divers prophètes ». Ils ont donné au cinquième chapitre de cet ouvrage le titre enchaîné: « 'Le Dr Georg Kuhlmann de Holstein' ou la prophétie du vrai socialisme, 'Le nouveau monde ou l'empire de l'esprit sur terre. Annonciation.' » [58] On peut interpréter *L'Idéologie allemande* aussi de la manière suivante: à ce moment, les deux auteurs classiques du marxisme semblent être arrivés au point où ils ont la conviction que ce sont eux-mêmes qui ont découvert la vraie philosophie et le socialisme scientifique. C'est à partir de cette position hautaine qui se fonde en leur prétention de posséder le monopole de la théorie, qu'ils ont pu faire leurs comptes avec tous les autres courants.

1847.

Les divers articles ont déjà donné à Marx un certain prestige, en dehors du mouvement communiste aussi. Marx a déjà acquis un nom. Friedrich Engels et Karl Marx montrent un intérêt marqué à une collaboration avec les « Justes ». Ceux-ci de leur côté se réjouissent de la possibilité de compter parmi eux ces deux personnes connues de la gauche. Friedrich Engels et Karl Marx entrèrent dans la « Ligue des Justes » en ayant le plan prémédité de la casser de l'intérieur. Ils ont fait une allusion à cette intention déjà dans leur entretien d'admission. Le comité londonien de la Ligue des Justes avait chargé Joseph Moll de voyager à Bruxelles et à Paris pour entamer des pourparlers avec Marx et Engels en vue de leur admission. Le 20 janvier 1847, tous les trois étaient d'accord que Engels et Marx s'organisent dans la « Ligue des Justes » et que leurs idées du « socialisme scientifique » seront respectées dans le nouveau programme – qui sera plus tard le manifeste communiste.

Marx et Engels s'organisent.

La deuxième moitié des années quarante est caractérisée par l'intention de Marx de se mettre en rapport avec le mouvement communiste organisé. La rupture d'avec la carrière académique peut être considérée aussi d'un

---

58 Karl Marx, Friedrich Engels: *L'Idéologie allemande*, MEW, tome 3, page 521.

point de vue positif. Un enseignant est lui-même sous une contrainte d'efficacité et de légitimation. Marx s'aurait occupé de sujets tout à fait différents et beaucoup moins importants que ceux auxquels il aura alors affaire pendant les quarante années à venir. Il a maintenant aussi le temps de chercher son point de vue par rapport aux grands mouvements, courants et contextures révolutionnaires de l'époque. La révolution était le grand thème du moment, comme il a été dit. Marx pouvait rencontrer vraiment beaucoup de courants. Ce qui était alors très important, surtout en vue de la biographie et de l'évolution de Marx, c'était le fait qu'il y avait des communistes organisés. Vu les conditions d'une répression intransigeante, ils choisirent la seule forme correcte de s'organiser, à savoir l' « alliance secrète «. Ces associations socio-politiques avaient pour point de repère les exemples arabes qui s'étaient implantés en Europe depuis longtemps. C'est cette vie politique organisée que Marx rencontrait.

« La Ligue des Communistes » (1847-1852).

Au début de juin 1847, la « Ligue des Justes » adoptait le nom de « Ligue des Communistes ». C'est au premier congrès fédéral en juin 1847 qu'une élaboration d'une nouvelle édition du catéchisme fut discutée; sur la base de celui-ci la « Ligue des Justes » se reconstitua et se donna le nom de « Ligue des Communistes ». Le catéchisme a été achevé, mais il gardait toujours les principes des communistes utopiques. En septembre 1847, son esquisse fut envoyée aux cercles et communes de la ligue pour être discutée et pour obtenir des commentaires. Ce furent Engels et Marx qui proposèrent de remplacer le « Catéchisme communiste » par un « Manifeste communiste »[59].

Limogeage de la « Fraternité » de la part des socialistes européens.

Les communautés égalitaires arabes avaient pour fondement le principe de la « fraternité ». Ce principe avait valeur tant dans le groupe de base que dans la fraternisation de l'ensemble social. Dans la mesure que se répand la communauté égalitaire, la fraternité prend de l'ampleur; c'est une tradition encore aujourd'hui vivante dans le monde arabe et ses environs. Ce principe est venu en Europe en même temps que l'idée du communisme. Le lemme des alliances secrètes était donc « Tous les hommes sont des frères ». Les langues européennes et avant tout l'allemand étant caractérisées par une forme patriarcale, c'est la fraternité qui a remplacé la parenté entre frères et sœurs (en allemand: Geschwisterschaft, note du trad.). En revanche, l'original arabe (aẖiyya) est de façon univoque du genre commun, c'est-

[59] Dans une lettre du 23/24 novembre 1847 adressée à Marx, Engels proposa de remplacer la forme vieillie du catéchisme par un « *Manifeste communiste* ».

à-dire incluant les deux genres. « Tous les hommes sont des frères » était aussi le lemme de la « Ligue des Justes ». Lors de la restructuration de la « Ligue des Justes » en « Ligue des Communistes », le lemme qui était en vigueur jusqu'alors, à savoir « Tous les hommes sont des frères », fut annulé à la demande de Marx et Engels et remplacé par « Prolétaires de tous les pays, unissez-vous! ». La mention de « tous les pays » dans la formule « Prolétaires de tous les pays » se comprend comme une concession à la « Ligue des Justes » qui accentuait le principe de l'universalisme, le lemme des Justes étant: Tous les hommes sont des frères. Par rapport à la formule « Prolétaires de tous les pays, unissez-vous », on doit faire les remarques suivantes:

1. Le slogan se trouve en tête du manifeste communiste; il ne se déduit pas du contenu ou de l'esprit du manifeste. Il avait pour fonction d'être un compromis par rapport aux visées internationalistes des Justes. Cependant, l'humanisme primitif dont fait preuve l'ancien lemme « Tous les hommes sont des frères », ne se rencontre plus dans le nouveau mot d'ordre. Je souligne en tout cas que ma critique ne se dirige pas contre le point de vue de classe des « Prolétaires ».
2. Dans un monde divisé, le mot d'ordre « unissez-vous » signifie plutôt la soumission des travailleurs des pays subjugués sous l'aristocratie ouvrière des métropoles.
3. Le mot d'ordre « tous les hommes sont des frères » de la « Ligue des Justes » semble être indifférent au point de vue des classes et machiste, cependant cette interprétation serait erronée. Le mot « frères » ne veut assurément pas dire dans ce discours le sexe masculin. « Tous les hommes » signifie tout aussi peu que les classes inférieures sont égales aux classes supérieures. Si on comprend correctement le mot d'ordre des Justes, celui-ci est anti-impérialiste et se tourne contre la montée de l'idéologie de la race des seigneurs qui a été à l'origine de l'instigation du colonialisme pour mobiliser les ouvriers des pays du Nord comme soldats contre les peuples du Sud.

A partir du mois d'août 1847, Marx et Engels soutiennent encore avec plus d'emphase leurs idées du communisme. Le 5 août 1847, ce sont la communauté et le district de la « Ligue des Communistes » qui se constituent sous la direction de Marx à Bruxelles. Marx est élu président de la communauté et membre du comité de district. Karl Marx et Friedrich Engels renforcent leur base à Bruxelles où ils fondent l' « Association Allemande des Ouvriers » (= Deutscher Arbeiterverein) fin août 1947. En outre, ils dirigent le « Comité communiste bruxellois de correspondance ». Le tournant qui se caractérise par le passage de la « Ligue des Justes » à la « Ligue des Communistes » est interprété jusqu'à aujourd'hui par les chercheurs spécialisés comme « changement de nom », tout au plus comme « restructuration » et « réorganisation ». En tout cas, il est considéré comme un grand progrès qui est le signal d'une nouvelle conscience de classe dans le mouvement ouvrier et qui marque la transition du communisme utopique au « communisme scientifique ». A y regarder de près, il se montre cependant un arrière fonds beaucoup plus dramatique qui a des conséquences graves et qui est refoulé par les marxistes qui ont dans ce domaine presque une position de monopole. Tout d'abord, nous devrions adopter une position plus réfléchie par rapport à une manière de penser qui compte maintenant parmi les dogmes de la gauche. Le marxisme est appelé par ses suiveurs « communisme scientifique ». Les deux termes, à savoir celui de marxisme et celui de « socialisme scientifique », sont employé comme synonymes.

Cette idée a pour effet le relativisme culturel qui est peut-être inconscient. Tout ce qui n'est pas marxiste est disqualifié. Ce sont, disent-ils, les communistes qui se meuvent dans l'antichambre du « socialisme scientifique ». Ils sont préscientifiques, au mieux « utopiques ». Dans cet emploi de langage, la notion de « communisme utopique » a une valeur sinon négative, du moins naïve.

C'est avec cette arrière-pensée dans la tête que le tournant des « Justes » aux « Communistes » était, certes, un progrès, si on se place à leur point de vue. Cette conception doit être radicalement mise en question. Car dans ce tournant, il y avait déjà les germes de la défaite des révolutionnaires dans l'année décisive de 1848. Pour autant que je connais la littérature sur ce sujet, il y a un consensus que Karl Marx et Friedrich Engels sont les responsables de ce tournant. Qu'est-ce qui témoigne à notre point de vue en faveur de la « Ligue des Justes » et contre la « Ligue des Communistes »?

1. La question centrale de l'époque n'était pas la lutte des classes (« Ligue des Communistes », Manifeste communiste), mais l'impérialisme qui était en train de détruire littéralement le monde. Dans les pays européens il fomentait le racisme et l'idéologie des seigneurs comme moyens de la mobilisation contre les peuples du Sud. L'Allemagne, en particulier la Prusse, occupait une place d'avant-garde dans la guerre impérialiste. De jeunes Allemands et Européens furent recrutés pour la guerre contre les trois continents sous direction du général allemand Helmuth von Moltke. Ce sont ces thèmes primordiaux de l'époque qui sont négligés en contre-partie de ceux de la luttes des classes. La « Ligue des Justes » luttait contre la haine raciale des blancs contre les peuples noirs et employait le mot d'ordre « Tous les hommes sont frères ». Dans ce

mot d'ordre, ni le mot des « hommes » n'est indifférent par rapport à la classe, ni celui des « Frères » n'est lié au sexe. Les « Justes » ne s'adressaient pas à tout un chacun, mais aux opprimés, aux exploités et à ceux qui formaient une alliance avec eux.

2. La notion de l' « exploitation de l'homme par l'homme » va beaucoup plus loin que l'exploitation par des classes. Ce qui est primordial, c'était et c'est la lutte contre la subjugation et l'exploitation des peuples du Sud par les blancs. Dans la guerre impérialiste, c'est la classe ouvrière des métropoles qui fournit les soldats, et c'est donc elle qui réalise l' « exploitation de l'homme par l'homme ». En revanche, le marxisme mettait l'opposition des classes à la première position. Cela signifie dans la pratique le redistribution (de la proie faite dans les Sud).
3. La « Ligue des Justes » était fondée sur les base d'un humanisme sans restrictions en prévenance des pays arabes. Elle était ouverte à tous ceux qui adoptaient une position contraire à l'exploitation, l'oppression et la guerre impérialiste: ouvriers, artisans, noirs, blancs, paysans, intellectuels, communistes, et chrétiens socialistes. Tous les hommes devraient détruire côte à côte l'impérialisme tout en ayant chacun une motivation différente, et ils devraient défendre la réalisation d'une communauté internationale d'hommes et de peuples égaux en droits.
4. La lutte des classes est par essence nationale. Elle s'accomplit à l'intérieur des frontières d'un Etat national. C'est aussi l'expérience historique qui confirme cette conséquence. Le socialisme et le communisme européens ont un cachet extrêmement national sur la base du monde organisé en Etats nationaux.
5. Le mot d'ordre « Prolétaires de tous les pays, unissez-vous » est réactionnaire vues les armées impérialistes agressives dont les soldats sont des ouvriers et paysans. L'interprétation de ce mot d'ordre dans le sens de l' « internationalisme prolétarien » est une conséquence de la contrainte de légitimation. Elle sert d'alibi. Encore plus, le mot d'ordre induit en erreur, car il détourne du fait que dans un monde en scission le mot de prolétaires ne signifie pas toujours prolétaires. Les uns sont sur-privilégiés, les autres, sous-privilégiés. Les uns sont des soldats de l'impérialisme, les autres sont des combattants pour l'indépendance et l'autonomie.
6. La « Ligue des Justes » avaient une orientation vers l'universalisme. Elle avait une idée humaniste et globale de la liberté et de l'émancipation. Ou bien il y a la liberté, la justice et l'égalité indifféremment, sans nuances de degrés et sans relativisations pour tous les hommes et tous les peuples, ou bien il y en a pas. La liberté est simplement indivisible.

Il n'est pas nocif pour ce principe humaniste (globalement humain) que les forces porteuses de la révolution mondiale aient une orientation caractérisée par la spécificité de la classe.

7. La lutte anti-impérialiste est plus importante que la lutte des classes. Le marxisme a détourné l'attention de la contradiction primordiale et prend une orientation caractérisée par une contradiction mineure qui fut déclarée comme étant la « contradiction de base ».
8. Les expériences de l'histoire montrent que l'utopie réelle a un effet plus mobilisateur que la science. Surtout quand cette dernière se dévoile comme illusion. Pourquoi, en effet, assumerait-on les grands sacrifices, voire même le reniement de soi, alors que le socialisme scientifique enseigne que le capitalisme se ruinera par ses propres contradictions.

Le tournant de la « Ligue des Justes » à la « Ligue des Communistes » n'était pas un progrès, mais plutôt un grand revers pour le procès révolutionnaire européen et mondial. Ce sont Friedrich Engels et Karl Marx qui sont les responsables de ce tournant et de ce revers.

En 1847, les oppositionnels commencent de se préparer à la révolution. C'est en 1848 qu'a lieu la révolution européenne. Or, nous ne voulons commettre l'erreur qui consisterait dans la supposition que l'on aurait su en 1847 que la révolution aura lieu en 48. Aujourd'hui nous avons des problèmes à bien séparer ces deux années, mais à l'époque des communistes et d'autres oppositionnels – à peu près du même nombre que les oppositionnels d'aujourd'hui – se rencontrèrent dans différents cercles et à des lieux divers et ils essayaient de se préparer pour la révolution. Nous reviendrons dans un chapitre à part sur l'année de la révolution qui est celle de 1848.

Sources primaires et documents (II).

- *Aufruf eines Geächteten an die deutschen Volksfreunde (= Appel d'un réprouvé aux amis allemands du peuple)*, imprimé à Paris chez Dondey-Dupré, 1834;
- *Zeltstatuten des Bundes der Geächteten*, imprimé chez: L. F. Ilse: Geschichte der politischen Untersuchungen, welche durch die neben der Bundesversammlung errichteten Commissionen, der Central-Untersuchungs-Commission zu Mainz und der Bundes-Central-Behörde zu Frankfurt in den Jahren 1819 bis 1827 und 1833 bis 1842 geführt sind, Frankfurt am Main: 1860, pp. 565-570. Une réimpression des *Lagerstatuten des Bundes der Geächteten*, in: Ilse, ibid., pp. 571-579.

- Hamburger Staatsarchiv (Archives de l'Etat de Hambourg): Serie V, Lit. V, Fasc. 6, Bl. 38-41. Se trouve aussi comme supplément en: W. Weitling: *Klassifikation des Universums*, Kiel 1931; édité par E. Barnikol, in: Wilhelm Weitling: *Klassifikation des Universums*, Kiel: 1931.
- L'édition princeps de l'ouvrage de Weitling qui ne fut pas imprimé jusqu'alors, parut sous le titre suivant: *Gerechtigkeit* : ein Studium in 500 Tagen von Wilhelm Weitling Bilder der Wirklichkeit und Betrachtung des Gefangenen. – Edité par Ernst Barnikol. – Kiel: 1929.
- Wilhelm Weitling: *Klassifikation des Universums* (conjointement avec: *Klassifikation der Universalsprache*), première édition éditée par E. Barnikol, Kiel: 1931.
- Wilhelm Weitling: *Allgemeine logische und Denklehre*; in: Weitling, édité par E. Barnikol, tome 1, Kiel: 1929, pp. 34-36.
- Wilhelm Weitling: *Wahrheits-System*. On peut considérer cet ouvrage come la base tant à la *Denklehre (=Doctrine de penser)* qu'à la *Klassifikation des Universums*.
- Wilhelm Weitling: *Theorie des Weltsystems*, édité par: E. Barnikol, in: *Christentum und Sozialismus*, Kiel: 1930.
- Wilhelm Weitling: *Der bewegende Urstoff in seinen kosmo-elektromagnetischen Wirkungen: ein Bild des Weltalls*. – Ed. par E. Barnikol, in: *Christentum und Sozialismus*: Quellen und Darstellungen, tome 5, éd. comme supplément à: Wilhelm Weitling: *Klassifikation des Universums*, éd. par E. Barnikol, Kiel: 1929.
- *Die frühsozialistischen Bünde in der Geschichte der deutschen Arbeiterbewegung – vom « Bund der Gerechten » zum « Bund der Kommunisten » 1836-1847*, éd. par O. Büsch, H. Herzfeld et al., Berlin: 1975.

Questions et discussion[60].

C.: Quand tu parles des courants révolutionnaires en Europe – je me rappelle de l'enseignement d'histoire au lycée –, on peut dire que la Révolution française a porté l'Etat bourgeois à une certaine position de puissance et que le dit quatrième Etat a été détruit, comme les exigences révolutionnaires du quatrième Etat, telles que celles des femmes et celles des peuples colonisés qui furent prononcées à l'intérieur même de la Révolution – parce que la Révolution française utilisait par exemples les dirigeants des soulèvements

[60] Les chapitres précédents sur la vie et l'œuvre de Karl Marx sont le résultat d'un cours universitaire que l'auteur a donné à Vienne en 1994. Les « Questions et discussion » en font partie intégrante. Les chapitres suivants ont été reconçus en vue de la publication de ce livre. C'est pour cela qu'il y a quelques recoupements avec le début des chapitres suivants.

de peuples noirs tant que cela lui plaisait, et qu'elle les a assassinés elle-même quelques mois plus tard. Cet état de choses a donc été complètement détruit et les exigences révolutionnaires du quatrième Etat n'étaient plus à l'ordre du jour. Quand tu parles de courants révolutionnaires à l'intérieur de l'Europe – pour autant que je sache, ces exigences révolutionnaires ont été défendues par la bourgeoisie qui, elle, n'a pas atteint le pouvoir, et par des intellectuels. Ce qui fut considéré à cette époque-là comme révolutionnaire, ne peut être mis en comparaison avec ce que, par exemple, nous ou les divers lignes désignent comme étant révolutionnaire. C'est pourquoi que j'ai toujours des problèmes, si tu ne l'assigne pas à sa place correcte dans le contexte historique européen et que tu ne dis pas qui a été le porte-parole de la révolution. Il est vrai que tu en a fait une brève allusion, mais lorsque tu parles de la Ligue des Communistes, à qui se référaient-ils eux-mêmes. Quelles étaient leurs exigences? Tu te réfère à Marx, mais pour moi il y a là un manque concernant les exigences révolutionnaires.
Karam: En fait, on parle de la Révolution française et l'on pense à un mouvement caractérisé par une seule orientation. Ceci est une interprétation répandue, mais qui n'est pas correcte. En réalité, il y avait dans la deuxième moitié des années quatre-vingt du 18ème siècle une multiplicité de propositions, idées, programmes et évolutions divers qui s'entrechoquaient avec hostilité beaucoup plus que l'ensemble de la Révolution ne s'opposait au reste de la société. Quelques exemples seulement: il y avait les illuminés qui devaient rompre avec de traditions très précises par rapport au comportement envers la famille et la sexualité. En fait partie, p. ex., François Marquis de Sade (1740-1814) à qui l'on devra faire tant de torts comme celui de la dénomination de sadisme, car ce n'est pas cela que voulait dire le Marquis. De Sade n'était justement pas un sadiste. Ensuite, il y avait la fraction plus radicale jusqu'aux jacobins qui élevèrent plus fortement des exigences d'égalité, valable seulement pour les blancs, donc ils sont restés racistes. Se sont imposés ceux finalement qui voulurent rétablir le bon fonctionnement de l'Etat français tout en changeant la structure du pouvoir, mais sans en changer radicalement la structure sociale.
Ce procès a duré au moins dix ans, jusqu'à ce que Napoléon y mit un point final par la violence et par la canalisation de la révolution vers l'extérieur en unifiant toutes les fractions des lignes de combat intérieur pour qu'elles participassent aux guerres de conquête contre les peuples européens d'abord et extra-européens ensuite. Ces luttes pour le pouvoir de la Révolution n'ont à proprement parler jamais cessées. Lors du Congrès de Vienne en 1815 au moment où Napoléon vit encore, il ne s'agissait de rien d'autre que de décider quel courant à l'intérieur de la Révolution française s'imposera.

On l'appelle Congrès de Vienne, mais il avait lieu à Paris. Il s'y agissait d'une alliance de la droite composée de rois chrétiens et qui s'appelait la « Sainte Alliance » ce qu'elle fut dans le sens le plus étroit du terme en se basant sur une vieille tradition en sorte que peu à peu tous les courants de gauche de la Révolution française furent éliminés. Et cela jusqu'à ce que en résultât de façon complète la Restauration et que d'un mouvement à l'origine social devînt un mouvement restaurateur, moderniste et en fait impérialiste. Si l'on isole la Révolution française de ses rapports internationaux, elle a un aspect tout à fait différent, à savoir révolutionnaire et non point contre-révolutionnaire. Nous avons l'ambition de fournir l'analyse la plus convaincante et de soutenir les meilleures exigences possibles. Ceci était aussi le but du *Manifeste Communiste*. Ce que nous devons retenir est que ceci est un courant parmi beaucoup d'autres qui avaient chacun pour soi autant de contradictions que l'ensemble de la Révolution (ou Non-Révolution) par rapport aux éléments restaurateurs.

Participant: J'ai une question par rapport à la Révolution française. Il me souvient que même les groupes que tu as nommés en partie, tels que les jacobins – Robespierre était jacobin – étaient des politiciens de grande puissance; est-ce correct?

Karam: C'est juste. C'était une ligne qui se groupait autour de Robespierre et de plusieurs autres personnes qui formaient pour ainsi dire l'aile gauche de la Révolution française, mais qui ne s'imposèrent pas. Leurs exigences étaient plus radicales en ce qui concerne les circonstances en France. En ce qui concerne les peuples non-européens, ils n'étaient pas moins racistes; en ce qui concerne les expéditions criminelles envisagées contre les peuples non-européens, ils n'étaient pas moins colonialistes.

Participant: Pour autant que je sache, Robespierre par exemple compte aussi parmi les réactionnaires et racistes dans la question coloniale.

Karam: C'est ce qui n'a pas été vu jusqu'à aujourd'hui, c'est-à-dire que l'on doit réécrire l'ensemble de la tradition historique de l'Europe au point de vue du racisme. Alors, personne ne fera une bonne figure – ni Robespierre, qui était à l'aile gauche de la Révolution française, ni Marx ni Engels ni encore les groupements européens actuels. Nous dirions que le Groupe Autonome de Palestine à Vienne ou le Comité de Palestine à Heidelberg ou à Brèmes n'est pas représentatif pour la gauche européenne. Ces groupes ne sont pas typiques pour la vie européenne. Le terme de la Palestine est-il en fait aussi un exemple que nous devrions suivre en Europe? Est-ce que nous devrions prendre l'exemple du zionisme européen ou d'une tradition locale?

Il ne s'agit pas de la distinction des juifs et des non-juifs, des palestiniens et des non-palestiniens, mais la question qui se dessine au fond du problème est celle de savoir si nous reconnaissons la population noire autochtone d'un quelconque pays ou la domination des colonistes blancs. Plus tard, lors qu'il s'agira du *Capital*, s'élèvera la question de savoir quelle attitude ont adoptée Marx et Engels par rapport à l'esclavage ou aux peuples autochtones américains. Ils prenaient partie pour les colonialistes européens qui ont usurpé le nom d' 'Amérique' et qui se désignaient eux-mêmes comme porteurs de la civilisation. De cet avis étaient aussi Marx et Engels. La question du racisme est certainement une question très importante, non pas la seule, mais la question décisive qui fait le critère, le sibboleth de l'ensemble de la tradition européenne de gauche. Je dirais que ceci est valable pour la Révolution française il y a deux cents ans aussi bien que pour l'époque contemporaine et bien sûr aussi pour Marx, Engels, Lénine et Staline.

Le terme de la « Révolution française » est une désignation idéologique que nous avons adoptée. Au point de vue de la critique de la recherche historique, on doit se poser la question de savoir en quoi consistaient par rapport à leur contenu ces événements qui portent le nom de la « Révolution française ». La force motrice la plus importante furent les marchands d'esclaves qui avaient l'expérience des révoltes et qui avaient développé des plans coloniaux. Pour cela, l'Etat a dû être transformé et modernisé et l'Europe a dû être unifiée pour réaliser ses buts impérialistes. Les agressions et invasions françaises que l'on désigne comme « Guerres napoléoniennes », sont le but véritable et le résultat concret de la Révolution française. S'agissait-il d'une révolution ou d'une contre-révolution?

Etudiant: Est-ce que toi, Karam, tu peux nous dire davantage sur la révision de l'histoire et sur la démythification de l'histoire à l'intérieur de la gauche européenne?

Karam: J'y passe tout de suite. Cela s'encadre bien avec ce que disait l'autre participant; on devrait faire ici aussi mention d'Oliver Cromwell, un représentant de la révolution anglaise qui, elle, avait eu lieu encore plus tôt. Cromwell n'est non seulement un raciste européen, mais aussi un raciste anglais. Même après sa victoire sur la monarchie anglaise, il traitait les irlandais de la même façon qui caractérisait le comportement de la monarchie. Je veux dire par là que la même critique est en principe valable aussi pour le marxisme sur laquelle nous reviendrons en son lieu, et que Cromwell poursuivit des buts de puissance politique et qu'il proposa des buts nationaux. Pour cela, il promettait aux couches sociales sous-privilégiées une amélioration de leur situation. Il y en a des preuves dans les archives européennes. Pendant l'époque de l'inquisition, celles-ci ont été pillées et détruites parce qu'elles ne confirment pas l'orthodoxie de l'église catholique romaine qui, en plus, ne souhaite pas que les européens s'ouvrent à l'Orient.

Un participant: C'est important que tu reviens encore une fois avec plus de précision à Averroès ou Ibn-Rušd, à ses théories et programmes. Je pense qu'ici il y un pont avec ce que Marx a évoqué comme étant une diffamation, c'est-à-dire les « Socialistes Utopiques ». Marx fait allusion ainsi à la multiplicité des mouvements révolutionnaires aux 17ème et 18ème siècles en les caractérisant de cette façon. Je sais moi-même que le mouvement « In bunten Schuhen » (trad. française: « Aux bottes multicolores », n.d.t.) existe encore de nos jours. C'était un mouvement paysan; il y avait alors des famines à la campagne et les paysans étaient coupés de la classe des travailleurs et de l'artisanat. A ce moment-là, ce fut aussi la famille qui périssait; en plus, il y avait l'exode de la campagne. Il y avait de grands mouvements d'expulsions; les rapports de la propriété changeaient radicalement à la campagne et furent transformés de la forme féodale vers la forme bourgeoise des monarchies prussienne et habsbourgeoise. Tout cela a provoqué une résistance et c'est Marx qui la désigne comme étant du « socialisme utopique »; mais on ne trouve nulle part une explication au sujet de ce que ce mouvement voulait au fond atteindre. Je peux naturellement me faire une rime – mais je n'ai jamais entendu parler d'Ibn-Rušd – et je pense qu'il y a un lien entre lui et les revendications des mouvements du socialisme utopique; et ce serait intéressant de savoir quelle était la base théorique et quel était le programme de ce mouvement à la Ibn-Rušd.

Karam: J'ai mentionné Ibn-Rušd pour des raisons évidentes. D'un côté, parce que la préhistoire de la Révolution française doit être reconstruite et ceci surtout parce que les historiens passent sous silence la tradition non-européenne, et de l'autre côté parce que cela même qui constitue le mérite de ces mouvements sociaux et politiques européens, à savoir les droits de l'homme, les droits fondamentaux et la démocratie au sens bourgeois, l'égalité en tant que revendication et non pas en tant que réalité, les libertés individuelles, est une idée importante chez Ibn-Rušd (Averroès) de façon que la démocratie et le socialisme ont des antécédents arabes. Les différents courants continuèrent à se combattre. Jusqu'à tard dans l'année de 1848, lorsque cette année s'était transformé véritablement en une année de la révolution européenne – et ce que nous avons dit à propos de la Révolution française est valable aussi pour la révolution européenne. Elle ne fut pas un mouvement avec un seul mot d'ordre, avec une seule conception. Naturellement, le « Manifeste communiste » visait d'y contribuer les meilleures idées qu'avaient conçues leurs représentants. On voulait se présenter comme dans un concours positif où chacun avançait son programme et ses mot d'ordre, c'est-à-dire exactement ce que nous ferions aujourd'hui si nous écrivons un tract par rapport à un événement important. Tandis que Ibn-Rušd fait figure du représentant le plus connu du rationalisme arabe et qu'il est la source directe de l'illustration européenne, il y en a encore d'autres courants où le socialisme européens puisait ses idées. On peut nommer en particulier les Qarmaṭe qui avaient fondé mil ans avant l'URSS l'Etat socialiste de la plus grande longévité. Nous y reviendrons dans le prochain chapitre.

Les antécédents non-européens des mouvements politiques européens.

En tout cas, c'est l'intention de notre travail d'aujourd'hui de souligner que les mouvements révolutionnaires européens ont une préhistoire non-européenne. Cette préhistoire non-européenne n'a pas été l'objet de la science de l'histoire en Europe, au contraire, elle fut niée. Prendre conscience de ce phénomène est le but cognitif de ce chapitre. J'ai établi un lien entre Ibn-Rušd et la Révolution française. En effet, il y une histoire de la réception d'Ibn-Rušd en Europe, il y était lu en cachette pendant un long moment, fut combattu et vint à la surface seulement peu de temps avant la Révolution. Dès qu'Ibn-Rušd fut devenu populaire, l'évolution révolutionnaire était inévitable. Cette évolution durait de la mort d'Ibn-Rušd en 1198 jusqu'à ce moment, c'était un continuel va-et-vient de mouvement en faveur d'Ibn-Rušd et contre lui. Ibn-Rušd a divisé le monde en sympathisants et adversaires. La restauration a d'ailleurs depuis l'an 1200 trouvé ses origines en Allemagne. L'Allemagne était toujours l'Etat qui œuvrait contre le développement de ces idées en France et en Italie où Averroès avait formé des disciples. Soit dit en passant que si on traite de ce problème dans un livre d'histoire culturelle européenne, on le déforme de telle manière qu'on ne le reconnaît plus; c'est ainsi que Friedrich Heer en provenance de Vienne a procédé dans son livre « Histoire de la civilisation européenne »[61]. Lui ainsi que d'autres historiens européens reconnaissent l'existence du rationalisme français, mais ils nient celle des antécédents arabes, ils construisent ainsi une légende euro-centrique. L'européen d'aujourd'hui ne veut pas reconnaître que le rationalisme arabe est aux fondements de l'illustration européenne et des droits de l'homme. On présente ce qui n'est pas allemand, au moins comme étant européen.

[61] Heer, Friedrich: *Europäische Geistesgeschichte*, Stuttgart 1953. Page 97.

Chez Ibn-Rušd, nous trouvons l'idée de la liberté individuelle – ce qui était nouveau dans cette forme radicale de la propriété du domaine de soi de chacun, de l'intégrité d'un chacun et de l'inviolabilité de la personnalité et de l'identité devant une puissance étatique et du droit de l'homme en tant que tel de poursuivre un but particulier. Ibn-Rušd a fondé le principe du respect idéel et physique comme un droit fondamental (Ibn-Rušd exerçait la profession du juge suprême). Cela n'était pas caractéristique pour l'époque. Ibn-Rušd défendait le rationalisme radical. Il a dit que la religion et la théologie sont du domaine de la foi et que celle-ci ne constitue pas une science. La science est une chose et la foi est une autre. La foi a une légitimité pour l'homme croyant, pour sa piété et pour la vénération personnelle de Dieu, mais elle n'est pas une théorie qui expliquerait le monde. Ibn-Rušd s'est bien gardé d'attaquer la religion de front, mais il a dit qu'elle n'est pas une science et non plus une explication de l'être, mais une base pour la piété personnelle. Ses disciples qui avaient participé à ses cours, ont bien compris cette leçon.
Il défendait en troisième lieu la thèse selon laquelle le monde n'est pas éternel. En outre, il défendait la thèse selon laquelle les livres religieux tels que le Coran, et l'enseignement qui en découle, ne sont pas éternels, c'est-à-dire qu'ils ont été créés, ce qui veut dire aussi que Dieu n'est pas éternel. Ainsi a-t-il mis en question l'existence même de Dieu et l'a niée indirectement. En revanche, il a dit que la matière est éternelle, qu'elle a existé depuis toujours. Ainsi a-t-il adopté une position matérialiste, en a fait un principe et l'a divulgué. Celui qui adhérait au douzième siècle au nom d'Ibn-Rušd, s'est approché en réalité de la pensée matérialiste. Pour condamner quelqu'un à la mort et pour l'exécution de la peine capitale en public, il était suffisant que l'Eglise catholique trouvait chez lui une traduction d'un ouvrage d'Ibn-Rušd/Averroès. Un grand nombre d'intellectuels ont été ainsi la victime de l'inquisition qui ne professait pas clairement en quoi consistait le délit, comme s'il y avait une forme diffuse de l'enquête. Même Umberto Eco ne fait pas allusion dans son livre *Au Nom de la rose* qu'en réalité il y avait une inquisition contre le rationalisme dont les représentants étaient sous l'influence de philosophes arabes.

Non moins important était la contre-attaque politique: Les califes de l'époque ultérieure, les chefs d'Etat de l'empire arabo-islamique ont compris les dangers qui déroulent du rationalisme arabe, ils ont commencé une restauration et une ranimation de la religion et ils ont favorisé des hommes qui avaient une orientation religieuse. Entre autre chose, ils ont favorisé des théologues qui étaient influencés par le grand penseur du nom

de Ġazālī qui mourut en 1111, donc qui vivait avant Ibn-Rušd. Ġazālī était moins radical qu'Ibn-Rušd en développant une synthèse de théologie et de science; il prit congé de la cour du calife de Bagdad et se retira à Damas où il mourrut. La pensée de Ġazālī a été publiée en Europe sous le nom de Descartes (1596-1650). Cependant, même cette influence est niée par les historiens européens de la pensée, ceux-ci nient que l'auteur de la philosophie du doute ne s'appelle pas Descartes, sinon Ġazālī.
Ġazālī mit en relief la valeur de la théologie qui se trouvait en déchéance face à la tempête d'illustration du rationalisme arabe. En plus, Ġazālī composa un écrit polémique contre les philosophes arabes du courant du rationalisme critique et radical (c'est dans ce contexte que la philosophie est l'alternative de la raison à la religion et à la théologie). La puissance de l'Etat était d'avis que Ġazālī constituait une meilleure alternative au rationalisme, et en conséquence elle le favorisait. Ġazālī ne refusa point ce traitement et accepta une chaire en théologie à la cour de Bagdad. Par ses biographes nous apprenons qu'il ne s'est pas senti à l'aise dans ce rôle. Il profita de la première occasion pour prendre congé du calife sous le prétexte d'un pèlerinage. Il vécut à Damas jusqu'à sa mort en retrait du grand monde. Mais comme Ġazālī n'adopta jamais une position tranchée, ses écrits ont facilement pu être utilisés à des fins qui n'étaient pas les siennes. C'est que depuis les origines, la question théologique était liée à la question de la puissance. On déduit de l'ordre céleste l'ordre terrestre. Celui qui renie la déité, renie aussi l'autorité terrestre. Le califat a propagé la pensée de Ġazālī dans l'espoir de ce que celui qui reconnaît la déité, accepte aussi sa représentation sur terre, à savoir l'Etat et la puissance d'Etat. Ces questions ont eu une suite dans la littérature.
Ġazālī a écrit un livre qui est intitulé tahāfut al-falāsifa. Déjà du vivant de son auteur, ce livre a été traduit par la restauration européenne; l'église catholique l'a nommé « Destructio philosophorum » ce qui veut dire « Destruction ou sape de la philosophie », disons « L'Assaut contre la philosophie » ou « La Misère de la philosophie ». Les califes qui représentaient la puissance d'Etat dans l'Empire arabo-islamique, ont favorisé cette interprétation. Mais aussi en Europe, la traduction de ce livre fut largement favorisée.

Lorsqu'Ibn-Rušd naquit en 1126, Ġazālī fut mort déjà il y avait 15 ans, c'est-à-dire en 1111. Mais le rationalisme arabe connaissait déjà une longue tradition. Le jeune Ibn-Rušd lut « tahāfut al-falāsifa » de Ġazālī, et après y avoir réfléchi, il écrivit une riposte sous le titre « tahāfut at-tahāfut ». Ce dernier fut immédiatement traduit en latin. Des disciples et étudiants

arabes et européens suivaient les cours d'Ibn-Rušd et traduisirent sous la direction de leur maître le titre par « La Destruction des destructeurs » (« Destructio destructorum »). Le livre qui doit détruire les philosophes, le philosophe qui veut détruire les philosophes est analysé par Ibn-Rušd lui-même. Il a redoré le blason du rationalisme. Les opinions qui rendirent possible la victoire de la philosophie sur la spéculation, sont en principe la cible de l'Inquisition. Celui qui défendait la position du rationalisme, fut la victime de l'Inquisition, alors que celui qui refusait le rationalisme échappait au martyre.
Il est vrai que, par rapport à cette question, je dois dire que le communisme utopique connaît une préhistoire à l'extérieur de l'Europe, mais ses racines ne se trouvent pas chez Ibn-Rušd. Ibn-Rušd ne fut pas un communiste à proprement parler, il était plutôt démocrate radical, il reconnaissait et défendait la liberté individuelle. Il était philosophe et professeur et il formait les jeunes gens. Les étudiants venaient de tous parts du monde médiéval et se dirigeaient vers sa chair à Qurṭuba (Córdoba, note du trad.) sur le territoire de l'actuelle Espagne. En plus, il était le juge suprême de ville de Qāḍī-quḍā. Le communisme utopique dont tu as fait allusion, a naturellement des antécédents extra-européens, qui ne remontent pas à Ibn-Rušd et qui ont par contre une autre ligne de tradition de laquelle nous parlerons plus tard.
Dans les archives de la RDA, il y avait quelque matériel sur le communisme utopique et sur sa tradition allemande. Quelques écrits et documents de ces communistes européens relatent que ceux-ci avaient entrepris des voyages en Egypte, dans le monde arabe, en Turquie, dans les Ordres des Dervis et dans les communautés alaouites de l'Anatolie, de l'Est arabe et en Perse. Ils voulaient faire la connaissance des communistes arabes et des mouvements de justice. Beaucoup de ces mouvements se manifestaient en public ou vivaient dans la clandestinité. Les délégations européennes avaient été envoyé à des endroits différents. Ils retournèrent de tous parts avec des rapports excellents. Ils exposaient ce qu'on pourrait faire si nous, c'est-à-dire les socialistes européens, suivaient leur exemple. Ils parlaient de « nos exemples en Egypte, dans le pays de l'aurore » et des autres pays cités par leurs noms. Il y aurait de quoi faire une publication. J'y ai été confronté moi-même à une époque relativement tôt en 1968 lors d'un congrès d'historiens à Halle dans l'ex-RDA, où j'ai pu suivre l'exposé d'une enquête sur ce domaine. Depuis cette époque j'attends la publication de ces travaux. Ils ne virent jamais le jour. On n'a pas continué à poursuivre cette branche de l'histoire et la direction du SED a considéré ces travaux avec un mauvais œil, les travaux n'ont même pas fait mention

dans la publication de l'ordre du jour et on les a passé sous silence. Malheureusement j'ai perdu le contact, voire la trace de ce groupe de recherche.
Participant: Est-ce que Marx a toujours d'actualité? Est-ce que sa conception est valable pour la lutte des classes à l'extérieur de l'Europe dans les pays qui dépendent du capitalisme?
Karam: Cette question touche le centre du problème et son point de départ. Nous qui nous trouvons ensemble dans cette salle, ne voulons pas débattre cette question pour de pures raisons académiques: il ne s'agit pas de l'alternative si Marx est correcte ou erroné, mais de la question de savoir comment nous pouvons sortir du cul-de-sac où se trouve l'évolution révolutionnaire. Là où quelque théoricien se montre utile, il faut l'utiliser. Disons que Marx s'est trompé dans un point, mais pas dans un autre; alors nous devons bien sûr utiliser ce qui est correcte chez lui; là où les sources ne nous donnent pas de réponse, il est nécessaire de trouver des réponses. En tout cas j'espère qu'au cours de cette journée nous trouverons au moins une démarche correcte. Je conviens avec toi dans ce point selon lequel il y a beaucoup, vraiment beaucoup de traditions révolutionnaires dans tous les peuples et un comportement de résistance spontané, naturel et élémentaire de chacun contre tout ce qui n'est pas juste. Tous les hommes font de la résistance au niveau social ou individuel, de manière correcte ou erronée; l'homme en général a une tendance très élémentaire contre l'injustice, l'oppression et l'exploitation. La théorie correcte et révolutionnaire se nourrit de ces expériences en les résumant, en les concentrant et en les généralisant.
Nous ne devrions pas commettre l'erreur de jeter à la poubelle ce qui est bon et de dire par exemple que lui, l'auteur, est européen et que, par conséquent, il est euro-centriste. Ceci ne servirait à rien. Les peuples américains, les autochtones, les dits indiens, font la même chose en montrant tout ce qu'ils possédaient en tradition progressive. Ces traditions révolutionnaires aussi ne concordent pas, pour de motifs tout à fait différents, avec l'analyse marxiste et l'analyse du capital par Marx. Une partie de ta question sera reprise dans notre séance sur l'Economie politique et sur le *Kapital*. Après que nous aurons parlé sur le *Kapital*, cette partie de la question regagnera en actualité pour savoir si son analyse est suffisante et va au cœur du problème. Ce n'est que cette partie que j'ai voulu repousser un peu jusqu'à la troisième séance où cette question sera abordée.
Le sujet de la prochaine séance sera une critique générale à Marx, à l'exception de la critique du capitalisme et de la critique de la conception économique de Marx. Critique de la critique sera le sujet de la troisième séance. J'annonce que la deuxième séance de cette rencontre a pour sujet

la critique générale à la pensée marxienne. La troisième séance aura pour sujet la critique de la critique de l'économie politique de Marx. Dans la quatrième séance, ce sera la praxis, la question pratique qui figureront au centre du débat. Je pense que nous n'avons pas fait de digression trop lointaine et que le temps suffira.

Wilhelm Weitling

Douzième chapitre

1848 – La révolution avortée.

Synopse
1. Généralités
2. Contribution de Marx et d'Engels à la révolution de 1848
3. *Le Manifeste du Parti Communiste* de Karl Marx et de Friedrich Engels
4. L'année de 1848
5. Critique fondamentale à la théorie du *Manifeste Communiste*
6. Quant à la révision de l'histoire
7. 1848 – S'agissait-il d'une révolution ou d'une contre-révolution?

Au cours des années 40 du dernier siècle, la prise de conscience révolutionnaire connaissait une croissance générale en Europe. Tout le monde parlait de la révolution – à Vienne, à Stuttgart, en Saxe ou dans le Palatinat. Partout on discutait sur les formes de la résistance et de la nécessité de la révolution. Il n'y avait pour personne un sujet plus important. Nous adoptons un point de vue rétrospectif quand nous lisons le *Manifeste Communiste* ou d'autres écrits révolutionnaires de Marx, et nous pensons que cela a été Marx qui a infusé à cette époque cette manière de penser. Or, c'est l'inverse. Tout le monde a écrit sur le sujet de la révolution. J'ai exposé dans un autre endroit que les débuts de la pédagogie sociale remontent à ce temps. Je choisis maintenant l'année de 48, l'année de parution du *Manifeste Communiste*.

Le pasteur et professeur Wichern a publié par exemple déjà avant la parution du *Manifeste Communiste* un écrit qui porte le titre *Der Kommunismus und die Hülfe gegen ihn* (traduction en français: « Le Communisme et le moyen contre lui »)[62]. Il y a analysé la question de savoir où mènera la misère. Wichern était un théologue et n'était pas dans l'opposition. Il conseilla à l'Etat allemand de prendre des mesures pour faire disparaître la misère parce que celle-ci conduirait vers le communisme. En 1848, le

[62] L'écrit est de Johann Heinrich Wichern (1808-1881) et parut dans les *Fliegende Blätter aus dem Rauhen Hause* en 1848, page 225 ss et 259 ss. L'essai a été reproduit plus tard dans les *Gesammelte Schriften* de Wichern, tome III, pages 208-233. Pour atténuer le caractère ouvertement anticommuniste de cette postille, l'éditeur des œuvres, Fr. Mahlig, a changé le titre: *Die Proletarier und die Kirche* (en français: Les Prolétaires et l'Eglise). Des explications plus amples se trouvent dans le livre de Karam Khella *Handbuch der Sozialarbeit und Sozialpädagogik*, tome II: *Theorie und Praxis der Sozialarbeit und Sozialpädagogik,* Hamburg, 2ème tirage, 1980, page 26 ss. MEW 4, 459-493.

« question sociale » figurait en tête de l'ordre de jour en politique. Dans la discussion sociologique elle occupait un rang privilégié. Les projets, propositions et programmes sociaux renchérissaient l'un sur l'autre. Il s'agissait d'un débat qui est né en complète indépendance de Marx et des communistes. Tous étaient d'accord qu'il y aurait une révolution. Ce serait une erreur que de croire que Marx a dans ce domaine déclenché quoi que ce soit. L'évolution est plus ancienne et indépendante de lui. Dans chaque entreprise ou institution intellectuelle, les professeurs, les étudiants et les travailleurs discutaient la question sociale. Les écrits concernant les sujets socio-politiques, s'entassent et sont caractéristiques pour l'année de 48. Je veux dire par là que la présentation de Marx en l'isolant du contexte historique, a pour conséquence que l'on croit que Marx était un grand révolutionnaire. Mais cela est une suite de notre point de vue actuel, non point du point de vue historialisant. Donc le premier sujet de cette séquence de séminaires était d'établir le contexte historique de Marx.

**Contribution de Marx et d'Engels à la révolution de 48.
La question de savoir qui était le véritable auteur du *Manifeste Communiste*.**

On attribue le *Manifeste Communiste* à Marx et à Engels. Cela est une injustice. Ils n'ont apporté que la dernière touche. Ainsi ils sont aussi responsable pour l'interprétation erronée de la question sociale, de la situation économique, des rapports de la politique mondiale et, surtout, des problèmes révolutionnaires; car leur contribution se rapporte précisément à ces derniers. Marx était de l'avis que la bourgeoisie était révolutionnaire. Le *Manifeste du Parti Communiste* date du février 1848. Jusqu'aujourd'hui, presque personne n'a entrepris de rechercher de manière exhaustive l'histoire de la forme et l'évolution des idées du *Manifeste Communiste*.

Je voudrais avancer quelques remarques sur la genèse du *Manifeste Communiste*. Le manifeste n'a pas été composé par Marx et Engels ou par Marx tout seul, quoique nous avons tendance à le croire aujourd'hui. En réalité, l'ouvrage n'était pas nouveau. Il ne s'agissait que d'un nouveau tirage d'un livre antérieur des communistes. Les communistes avaient employé depuis longtemps un livre élémentaire pour la formation des communistes ou socialistes. Chacun qui voulait devenir un communiste, tenait qu'apprendre ses fondements. Le communiste entrait dans une organisation clandestine dont l'appartenance était dangereuse, et le communiste reçut une formation qui comprenait les thèses, la doctrine et la pratique du mouvement. Cette formation était semblable à celle du catéchisme de l'Eglise catholique. Le catéchisme d'un croyant catholique commence par la question « Qu'est-ce que la chrétienté? » « La chrétienté est par exemple la croyance dans la trinité de Dieu le père, le fils et du saint esprit. » « Comment devient-on chrétien? » « Par le baptême et les sacrements. » La formation, la catéchèse des communistes se passait aussi de cette façon. La première question était: « Qu'est-ce que le socialisme? » et l'on attendait comme réponse l'essentiel du socialisme. Les jeunes communistes hommes et femmes étaient obligés d'apprendre cela. S'ils ont appris cela, il devinrent des communistes. Cette forme d'apprentissage remonte à une très vieille tradition arabe. Le système de la « formation conspirative » a une longue tradition. On peut la suivre jusque dans des temps très reculés. On la pratiquait avec une extrême discrétion puisqu'il y allait de la vie ou de la mort quand on transmettait ou défendait le patrimoine socialiste ou communiste.

Marx et Engels aspiraient à la charge de transformer la catéchèse pour ne plus la présenter dans sa forme traditionnelle. Ce souhait était évidemment non sans être contesté. La majorité des camarades n'avait pas confiance dans la ligne de Marx et d'Engels. A l'intérieur de la ligue il y avait beaucoup de camarades de mérite qui avaient passé leurs épreuves et étaient respectés par Marx et Engels – c'est que Marx et Engels ont dit relativement peu de mal sur Weitling (comme par exemple le « Communisme d'égalité » = « Gleichheitskommunismus »). Sur d'autres Marx a presqu'exclusivement dit du mal. Ces « autres personnages » ont pris chez nous aussi une imprégnation négative seulement parce que Marx les qualifiait négativement. Rarement Marx a mentionné quelqu'un de manière bienveillante à quelques rares exceptions près.
Or Weitling était un personnage respecté par la classe ouvrière et aussi par les intellectuels. Vous devez pour un moment avoir à l'esprit la culture politique des communistes. Beaucoup parmi eux viennent de l'artisanat, de la classe ouvrière, du paysannat, de la classe moyenne et des couches les plus pauvres quoiqu'ils aient une conscience très aiguë, qu'ils soient prêts au sacrifice, qu'ils soient courageux et qu'ils aient du mérite, mais ils ne possèdent pas les moyens intellectuels que Marx a acquis à la Fac. Engels aussi avait lu beaucoup et était un intellectuel fort instruit qui avait de la facilité pour l'abstraction, pour l'argumentation et pour la polémique et qui était prêt à chaque moment d'engager la lutte intellectuel. Quand Marx et Engels ont participé ensemble à un cercle de discussion, ils ont pu facilement le dominer et s'imposer. En fait il semble qu'en réalité vraiment

beaucoup de socialistes reconnus, dont une grande partie a vu juste et plus juste que Marx et Engels, n'ont pas pu s'imposer par l'argumentation contre Marx et Engels, ce qui ressort de beaucoup d'écrits. Ils ont même reconnu les erreurs de la pensée marxienne; ils essayèrent d'élever leurs voix, mais furent aussitôt contraints au silence. Quoiqu'ils eussent eu le meilleur point de vue que Marx, Marx possédait une meilleure rhétorique qui était raffinée et entraînée. Marx a même pu désarmer des universitaires en place, des philosophes de renommé et des théologiens de son époque. C'était d'autant plus facile avec les gens moins cultivés. Je voudrais le dire d'une manière un peu relaxe, Marx et Engels ont simplement exténué ce cercle de chefs communistes. Personne n'était en mesure d'avancer quelque chose contre ces deux intellectuels de gauche. Marx et Engels ont naturellement impressionné encore d'autres personnes, beaucoup de jeunes gens ou des gens sans engagement qui ont très fréquemment suivi les exposés de Marx dans des cercles pour goûter du travail rhétorique et logique sans faille. Ce sont eux qui disaient que ces deux camarades devaient écrire le manifeste pour nous. Quelques uns étaient d'avis favorable, d'autres étaient un peu sceptiques.

Si la rédaction du *Manifeste Communiste* provient réellement de la plume de Marx et d'Engels, cela est difficile à dire selon les sources. Ce qui est sûr c'est qu'au cas où Marx et Engels l'auraient rédigé, ceux-ci étaient obligés d'y intégrer des articles d'autres auteurs. Cette hypothèse est étayée par la différence de style des différents passages. Dans l'autre hypothèse, une troisième personne devrait avoir rédigé le tout de façon qu'elle était tenu à intégrer des articles de Marx et d'Engels. C'est-à-dire que le véritable problème est moins celui de savoir qui en était l'auteur que celui de la rédaction. Ainsi la question de savoir qui a écrit le *Manifeste Communiste* est secondaire. On peut dire en plus que l'ensemble de l'orientation, sa direction d'attaque, est de Marx et d'Engels. En tout cas, il est nécessaire de souligner que des groupes de pression ultérieurs qui ont « appuyé » Marx, ont stylisé systématiquement son nom comme étant celui du communisme du 19ème siècle. Le *Manifeste Communiste* est un produit collectif, il n'est pas une prise de position personnelle mais un énoncé d'une organisation. Plus tard, le mouvement sera refoulé et remplacé par deux noms propres. L'usurpation de l'histoire littéraire fut le résultat de ce que Karl Marx et Friedrich Engels ont en effet écrit des préfaces pour les tirages ultérieurs du manifeste communiste dont la lecture était appréciée. Ils ont produit ainsi l'effet que l'on croyait que ce fussent eux qui avaient écrit l'ensemble de l'ouvrage. Le *Manifeste Communiste* montre des traces évidentes de Marx et d'Engels, nommément de motifs qui se trouvent déjà dans l'*Idéologie allemande* rédigée dans les années 1845 et 46. Mais comme il ressort par ailleurs des premières phrases engelsiennes du *Ludwig Feuerbach et la fin de la philosophie classique allemande*[63], le manuscrit était aux mains de l'éditeur mais celui-ci ne le fit jamais passer à l'impression. De cela ressort que Marx et Engels ont en fait participé à la rédaction du *Manifeste Communiste*, peut-être même qu'ils en eussent dominé la rédaction.

Le *Manifeste du Parti Communiste* parut pour la première fois à Londres en février 1848. Marx et Engels n'ont fait mention ni de cette édition ni des éditions suivantes ni des multiples traductions. Leurs noms survinrent pour la première fois dans une note préliminaire de G. J. Harney à la première traduction en anglais, parue dans la feuille des Chartistes *Red Republican* en 1850. Ce n'est pas pour autant que Marx et Engels devinrent les auteurs du *Manifeste Communiste.* En revanche ils ont écrit en 1872 (donc un quart de siècle après la parution de la première édition) une préface à l'édition allemande qui était très attendue par le public allemand parce que l'ouvrage avait connu un echo international, et par laquelle n'importe quel auteur aurait bien aimée d'attirer l'attention sur son nom. Le fait que nous attribuons aujourd'hui sans ambages le *Manifeste Communiste* à Marx et à Engels, est dû en premier lieu à la manipulation éditoriale du socialisme historique qui est responsable du culte de Marx. Je ne conteste pas la participation de deux auteurs classiques à la rédaction par des discussions et des propositions rédactionnelles. Ils ont même imposé leurs propres idées contre d'autres conceptions révolutionnaires. Mais dans l'ensemble, le manifeste constitue une production intellectuelle collective qui résume l'héritage de différentes cultures et générations d'âge. Si nous divisons par l'analyse le *Manifeste Communiste*, nous obtiendrons deux parties dont l'une est la théorie et l'autre les éléments d'énoncé programmatiques, et l'on peut conclure alors que Marx est principalement responsable de la direction de l'attaque et de l'orientation théorique de l'ensemble[64].

---

63 MEW 21, page 259 ss.

64 On peut démontrer que Marx et Engels ont essayé de participer par la rédaction au matériel didactique de la « Ligue des Justes » et de le transformer. Le *Manifeste Communiste* est issu du vieil « catéchisme socialiste ». Dans une lettre datée du 23/24 novembre 1847 adressée à Marx, Engels se demande d'abandonner la vieille forme du catéchisme (remarquez ce témoignage pour la longue tradition) et de concevoir un programme dans la forme d'un manifeste communiste.

Le Manifeste du Parti Communiste de Karl Marx et de Friedrich Engels.

Le *Manifeste Communiste* qui parut pour la première fois en février 1848, avait pour but de donner une orientation communiste, et nommément celle de la *Ligue des Communistes*, à la révolution. Le fait que les camarades s'y étaient préparés, était pleinement chargé de signification, était d'actualité et les camarades sont venus à temps. Mais cette préparation s'accomplit du point de vue qui était le leur, sans qu'ils se doutassent de la proximité de l'éclosion de la révolution, contrairement à ce que nous sommes habitués à penser aujourd'hui d'un point de vue rétrospectif. Les communistes se rencontrèrent pour débattre de la situation, et ils ont reconnu que de grands événements allaient venir et qu'ils devaient s'y préparer. Ils se proposèrent de donner de la publicité à leur programme commun qui consistait d'un programme, d'appels et d'exigences. C'est précisément cela que la *Ligue des Communistes* avait décidé. Il y avait une grande discussion sur la question de savoir qui devait écrire cet appel. Marx et Engels étaient prêts à s'en charger. Les deux camarades de la *Ligue des Communistes* voulaient écrire le manifeste communiste. Auparavant, Engels avait tenté de donner une réorientation au mouvement par une nouvelle version du programme. Pour les pourparlers qui devaient se dérouler alors à Paris, Engels avait conçu une esquisse de programme en 1847, esquisse qui portait le titre de *Fondements du Communisme*[65] qui aurait dû remplacer le vieil catéchisme. Cependant, le papier d'Engels ne trouva point l'approbation de la majorité. En même temps que le *Manifeste Communiste*, Marx rédigea son ouvrage sur le « Salaire » (*Arbeitslohn*, fin décembre 1847). Par cet écrit, Marx ouvre la voie à sa théorie économique qu'il ne cessait de compléter tout au long de sa vie. Selon cet ouvrage, le capitalisme obéit à des lois, et se déploie complètement jusqu'à son échec qui ouvrira la voie au socialisme. Cette prise de position est chez Marx le fondement de l'économisme qui lui enlève la possibilité d'agir politiquement, au moins il limite cette possibilité dans une large mesure. Nous savons par les écrits ultérieurs de Marx qu'il a sévèrement condamné les actions anti-capitalistes des ouvriers puisqu'il jugeait qu'il était « bête », voire dangereux de nuire au capitalisme. Celui-ci devait atteindre son essor pleinement et vivre ses propres contradictions jusqu'à son échec.

C'est précisément ce point de vue qui a enlevé le point sur le i du *Manifeste Communiste*. Celui-ci ne contient aucun programme, ni aucune des revendications du jour ou de transition. D'autre part, il ne fait aucun

[65] Friedrich Engels: *Grundsätze des Kommunismus*, écrits fin octobre à novembre 1847, en: MEW 4, pages 361 -380.

appel à la lutte décisive ou même finale contre l'impérialisme. Ainsi le *Manifeste Communiste* contribue à la désorientation de l'opinion publique et non point à son orientation. Par là, la défaite des communistes et du soulèvement de 1848 était programmé d'avance. Ceux qui avaient un intérêt dans la révolution, ne pouvaient pas s'appuyer sur le manifeste. Comme je l'ai dit, Marx écrivit en même temps le livre sur le « Travail salarié » qui deviendra plus tard le livre sur le *Travail salarié et capital* et qui sera publié en avril 1849. C'est-à-dire que Marx avait dépassé le seuil de conscience qui est celui du *Manifeste Communiste* au moment où il le rédigea, si Karl Marx est vraiment l'auteur de ce manifeste. Evidemment, il ne voulait ni ne pouvait offrir son nouveau point de vue dans le manifeste. Cela aurait signifié d'énoncer le mot d'ordre de ne pas lutter. Ainsi le *Manifeste Communiste* est suspendu entre deux conceptions, celle de l'urgence de l'action politique qui s'impose par l'effervescence de l'ensemble de la société d'un côté, celle du non-sens de contrecarrer le capitalisme de l'autre. La crise de Marx devint ainsi la crise de la fraction communiste dans le soulèvement de 1848. Le moins que l'on puisse dire est que la désorientation et la confusion expliquent bien la défaite de 48. Dans les années à venir, la crise du marxisme et du communisme qui a été, à l'origine, indépendante de Marx mais qui ne le sera bientôt plus, ira en s'approfondissant.

Ce problème de la nouvelle orientation du communisme en tant que mouvement marxiste, est beaucoup plus important que la question de savoir qui a écrit ou rédigé le manifeste. Aujourd'hui encore, la question est d'actualité et d'importance, c'est-à-dire la question de savoir où se trouvent les différences entre l'orientation marxienne et celle des mouvements traditionnels d'opposition. La même importance revêt la question de savoir quelle est la responsabilité de l'orientation marxiste pour la défaite de la révolution de 1848.

Je me demande en effet si le *Manifeste Communiste* est un progrès ou une régression dans la pensée politique du mouvement révolutionnaire de cette époque. Pour pouvoir répondre à cette question, nous allons examiner les idées maîtresses du *Manifeste Communiste* et nous demander si elles ont vraiment été novatrices. Les éléments de l'abolition de la société de classes, de la nécessité du socialisme etc. ne sont point nouveau. Ils se trouvaient déjà en principe dans le vieux catéchisme socialiste. Le *Manifeste Communiste* ne le dépasse guère. D'autre part, beaucoup d'idées de grande valeur ont été perdues. Je voudrais tout de suite dire ce qui est d'une valeur essentielle dans ce qui a été perdu dans le parcours de l'histoire:

Communisme utopique contre socialisme « scientifique ».

Le communisme européen s'orientait dans une large mesure par rapport aux mouvements de l'espace arabe et afro-asiatique qui, ce dernier, était plus étendu encore. Chaque génération européenne de révolutionnaires envoyait à nouveau ceux-ci ou des délégations dans de pays qui étaient censés de vivre le socialisme et de l'avoir réalisé. Les délégués avaient pour mission de faire la connaissance de communautés socialistes du monde hors des frontières de l'Europe et d'en faire un rapport en vue de l'imitation. On croyait qu'une partie de ces communautés continuait le vieil état de la propriété communautaire sans la formation des classes. On savait que d'autres communautés avaient renversé avec succès la domination par classes et qu'elles étaient en train de construire le socialisme. En tout état de cause, les socialistes européens avaient pour exemples les sociétés non-européennes où les hommes étaient égaux devant la loi et devant la société, où personne ne gouvernait autrui. Les socialistes européens voulaient redécouvrir ces sociétés et les prendre comme exemple. Il y avait pour cela différents noms: on l'appelait, par exemple, le droit naturel. Cette dernière expression implique la conviction selon laquelle les hommes n'ont pas toujours vécu dans une société de classes. A l'origine, il y avait eu une autre société qui avait été corrompue par la suite. C'est dans ce contexte que « droit naturel » veut dire « ordre originaire – donc bon ». Les révolutionnaires européens volaient redécouvrir et rétablir cet état de la nature. Ainsi on avait partout envoyé des hommes avec la mission de recueillir des informations sur des communautés socialistes, réellement existantes. Les délégations partirent pour les alaouites en Turquie où cette tradition s'était maintenue, et pour l'Egypte où les coptes maintenaient cette tradition dans des villages, des ordres religieux et des cloîtres. Les délégations partirent aussi pour l'Iran où les mouvement révolutionnaires étaient très forts. Pour l'Arabie chez les Qarmaṭes et pour l'Iraq où les Mušaʿšaʿūn, l'un des derniers mouvements communistes, avaient maintenu la vieille tradition jusqu'au 19ème siècle ou, du moins, l'avaient ranimée à une nouvelle vie. D'autres voyageurs pénétrèrent l'Afrique et l'Est asiatique, non point en tant que seigneurs coloniaux, sinon au contraire pour découvrir et faire la connaissance de traditions communistes primitives. Celles-ci constituaient leur exemple à suivre.

Marx et Engels ont renversé ce fait. Ils l'ont conçu à l'envers. Selon eux, c'est l'Europe qui est l'exemple et c'est de l'Europe que le communisme devrait être répandu dans le monde. Avant que d'exporter le communisme, le capitalisme doit se répandre dans le monde entier. Marx a déduit le communisme du capitalisme. Ce n'est, selon Marx, que le capitalisme qui crée les conditions du socialisme. Ceci est une idée fondamentale de la théorie marxiste de la révolution. Seulement après avoir complètement soumis les sociétés au capitalisme, les sociétés seront mûres pour le communisme. Les communistes pré-marxistes avaient une orientation universaliste. C'est cet universalisme qui s'est perdu chez Marx. L'idée postérieure d' « internationalisme » ne remplace pas vraiment l' « universalisme ». L'adage qui se trouve au début du *Manifeste Communiste* et que les apologètes du marxisme tiennent pour supérieur, à savoir « Prolétaires de tous les pays, unissez-vous », n'est en réalité qu'une concession par rapport à la vieille formule d'universalisme en tant que principe du communisme. Et il est une concession par rapport au fait qu'au fond ce sont les peuples européens qui doivent aller à l'école auprès des peuples qui ont sauvé le communisme et son patrimoine. « Prolétaires de tous les pays, unissez-vous! » Cette phrase précède le *Manifeste Communiste* pour la raison que l'internationalisme n'y joue au fond aucun rôle. A son vivant, Marx a été critiqué pour ce manque. C'est à cause de cette critique que l'adage est né et a été placé en tête du *Manifeste* comme une concession sans qu'il eût été démontré dans le cours du livre même. Si tu adresses aujourd'hui une critique à des marxistes dogmatiques en disant que le marxisme est euro-centrique et non pas internationaliste, ils montrent avec une grande fierté et arrogamment sur cette phrase en disant que cette phrase là est bien internationaliste. Alors tu deviens hébété, tu n'y peux rien contredire. La phrase « Prolétaires de tous les pays, unissez-vous! » ne manque pas à sa fonction d'alibi.

Cependant, ce qui est décisif, c'est le fait que l'Europe a été sur le point de réaliser sa domination impérialiste du monde entier. En face de la menace des grands crimes en préparation pour traîner l'humanité entière dans la guerre qui partirait de l'Europe, il est nécessaire d'interpréter une orientation qui n'a pas pour centre la lutte anti-impérialiste, non seulement comme réactionnaire, mais aussi comme collaborationniste par rapport à l'impérialisme. C'est exactement ce reproche que Marx a à subir. Plus encore, de la même manière qu'Engels, Marx considérait l'expansion impérialiste mondiale de l'Europe comme étant identique à la victoire du capitalisme. Les deux penseurs refusaient leur solidarité aux forces anti-impérialistes puisque celles-ci entravaient la marche du capitalisme et donc la condition pour le socialisme. Mais même à part cet abandon de la solidarité, leur orientation vers la lutte des classes au lieu de la lutte anti-impérialiste constituait un coup sévère contre les mouvements de libération.

L'année de 1848.
Le *Manifeste Communiste* parut en 1848 et la révolution européenne éclata sans la contribution de Marx et d'Engels. Je dois dire que Marx, Engels et beaucoup d'autres s'ingéraient dans cette révolution éclatée. Ceci est à leur actif – cependant, on ne doit pas renverser les faits, comme si Marx, Engels ou d'autres auraient déclenché une révolution, par contre celle-ci était pratiquement en cours. Ils ont présenté le *Manifeste Communiste* et ainsi beaucoup de groupes, des chrétiens, des intellectuels critiques, voire des bourgeois, mais surtout des démocrates et des démocrates radicaux se rallièrent. Même les communistes vinrent pour dire que le manifeste analysait à notre façon les événements, ceci est notre programme et cela énumère nos exigences, avec ce manifeste nous voulons nous montrer au grand jour. Nous vous appelons de vous rallier à nous. Ceci était naturellement le bon droit des communistes, ils devaient le faire. Je ne veux pas devenir cynique; je ne veux non plus prendre la critique à la légère. Nous tous connaissons des communistes qui défendent le marxisme, sans l'avoir étudié vraiment, et qui recommandent la lecture du *Manifeste Communiste* sans l'avoir lu eux-mêmes et surtout pas d'une façon critique pour voir ce qu'il dit vraiment. Je peux bien imaginer que beaucoup de communistes avaient alors distribué et répandu le *Manifeste* sans l'avoir assimilé et problématisé. C'étaient des camarades d'une grande foi, qui pensèrent d'enfanter quelque chose de bien, et ils distribuaient avec zèle le *Manifeste Communiste*.

Cela suffit peut-être pour présenter la contribution théorique de Marx et d'Engels au soulèvement de 1848. Maintenant nous allons passer à leur collaboration pratique. Dans la littérature du vivant de nos deux auteurs, les remarques positives par rapport à la contribution de Marx et d'Engels, ne se trouvent que dans leurs propres ouvrages. Ils ne sont pas avares pour se décorer eux-mêmes des couronnes de laurier de la révolution de 48 (voir en particulier le tome 7 des MEW). A y regarder de près, on reconnaît les contradictions où Engels s'embrouille. Par notre propre expérience, nous connaissons des organisations de gauche, qui récupèrent des actions sociales magnifiques sans les avoir déclenchées vraiment, du moins elles ne les ont supportées au même degré qu'elles revendiquent dans leurs proclamations. Dans le dix-neuvième siècle aussi, on connaissait la formule « être payant ». Cette usurpation d'actions qui furent entreprises par d'autres, est entrée dans l'actuelle manière d'écrire l'histoire du 19ème siècle. Marx a observé la révolution de 48. Engels s'est contenté selon ses propres dires[66] du rôle de spectateur. Mais il aurait été une erreur de justice magnifique si quelque tribunal les aurait condamné pour activités révolutionnaires ou résistance contre le pouvoir d'Etat. En fait, il y avait tout à fait d'autres personnes qui furent condamnées par l'Etat prussien à cause de leur pratique révolutionnaire, tandis que Marx fut expressément réhabilité par un tribunal de Cologne. La révolution européenne avait lieu en 1848 et elle se termina par une défaite en désordre. C'était un revers considérable. Je ne sais d'ailleurs pas si cela aurait changé le cours de l'histoire si les idées du *Manifeste Communiste* auraient pu s'imposer.

Critique de l'idéologie du *Manifeste Communiste*.

Primo: Le rôle révolutionnaire de la bourgeoise que le *Manifeste* lui attribue est une erreur décisive. La bourgeoise est plus réactionnaire, plus agressive et plus impérialiste que le féodalisme.

Secundo: La conséquence de la théorie de la lutte des classes telle qu'elle se présente dans le *Manifeste*. Si l'on ne part pas d'un point de vue universel et d'une théorie de la révolution universelle, mais d'une théorie de la révolution qui doit prendre son essor à partir d'une lutte des classes nationale et non point de l'impérialisme, alors la scission du monde et la domination du Nord sur le Sud restent en vigueur quelle que soit la classe au pouvoir en Europe. Même au temps de Marx, la priorité absolue revenait à la construction d'un front de lutte mondiale contre l'impérialisme.

Tertio: La prise du pouvoir par le prolétariat et la construction du socialisme dans un seul pays, ce qui était la revendication du *Manifeste*, ne sont pas une barrière pour l'Etat ouvrier d'être impérialiste et, si nécessaire, fasciste.

Quarto: Dans un monde en rupture, ce n'est pas la situation nationale, mais bien la situation mondiale qui est décisive. Un Etat impérialiste peut poursuivre sa prétention à la domination globale aussi en s'appuyant sur la classe travailleuse, et non seulement, en exclusivité, en s'appuyant sur la bourgeoisie.

Quinto: Marx et en partant le *Manifeste Communiste* n'ont pas compris que la bourgeoise ne représente aucun progrès par rapport au féodalisme, sinon davantage d'exploitation. Le féodalisme correspond à une mentalité nationale, tandis que la bourgeoisie aspirait à la domination mondiale. Marx a réhabilité la bourgeoisie en la caractérisant comme révolutionnaire et, en conséquence, il a légitimé sa domination. Il l'aida à s'installer au pouvoir, car il lui offrit une alliance. Cette orientation fallacieuse est compensée par la « dictature du prolétariat » dont la promesse est à l'horizon, et par l'exhortation à l' « internationalisme » qui se trouve dans l'adage

[66] D'un intérêt particulier sont les expositions d'Engels sur la révolution au Palatinat et sa non-ingérence dans: MEW 7, pp. 151-2.

« Prolétaires de tous les pays, unissez-vous! » Cependant, cette orientation fallacieuse n'est pas corrigée pour autant.
Sexto: L'adage « Prolétaire de tous les pays, unissez-vous! » est hypocrite, car la domination mondiale de l'impérialisme est en marche sans que le *Manifeste* y fasse allusion. La seule attitude correcte serait de former un front contre l'impérialiste et sa base, à savoir le militarisme.
Septimo: La question de la relève du capitalisme par le socialisme et le communisme est déplacée vers le domaine de la *succession selon des lois historiques* des époques. Une forme de société ne remplace l'autre que si la vieille forme s'est déployée complètement dans ses contradictions. On renonce à la faisabilité de l'histoire, du moins on la rétrécit beaucoup.
Octavo: Il y a un aspect important qui n'est pas mentionné expressément dans le *Manifeste*, mais qui ne peut être séparé de l'horizon théorique de leurs auteurs: Marx était d'avis que le capitalisme devait se développer non seulement dans la totalité, mais aussi dans les détails. Dans l'ouvrage *Travail salarié et capital* qui fut écrit presqu'en même temps que le *Manifeste*, Marx défend offensivement la thèse selon laquelle le système des salaires devait être maintenu. Il combat offensivement les revendications propres à la classe ouvrière contre les différenciations et divisions de plus en plus subtiles. Marx attaque carrément les revendications d'un salaire « juste » et « égal » comme étant « bêtes ». Aussi le « *Manifeste du parti communiste* » s'oppose-t-il par sa démarche au mouvement prolétaire, socialiste et communiste. La défaite de la révolution a été prévue d'avance.
Neuvièmement: Le *Manifeste* est la marque caractéristique de la tragédie du marxisme. Le titre de l'écrit n'est pas « Manifeste communiste », comme l'appelle la gauche. Le titre correcte est *Manifeste du parti Communiste* (avec un majuscule au mot « Kommunistischen »). Un parti communiste n'existait cependant pas et sa fondation n'était pas prévue. Au contraire, Marx fait peu de temps après cela en 1852 la proposition de dissoudre la *Ligue Communiste*. Jusqu'à la fin de la vie des deux auteurs, la fondation du parti sera empêchée. Cependant, on annonce, non sans faire un spectacle, en 1848 le *Manifeste du parti Communiste*. Dans les années à venir, il sera réédité plusieurs fois par Marx, ensuite par Engels. Quel est le sens de ces contradictions?
Pour l'année de la révolution que fut celle de 48, le public en mouvement attendait un écrit de lutte. Le résultat était par contre le *Manifeste Communiste* qui proposait une théorie grise qui a profondément déçu et déprimé tout le monde. Les espoirs de l'époque furent liés à un fantasme future dont la réalisation seul dépendait du génie d'un Marx et de la pleine évolution du mode de production capitaliste. En plus, le *Manifeste* n'offre

ni un programme, ni des indications d'une lutte concrète, ni la possibilité d'une organisation formelle. Le « parti communiste » devint une illusion historique tandis qu'une autre organisation communiste qui avait réellement existé sera la cible de la destruction des deux auteurs. L'édition de leur manifeste sous la forme d'un roman de « science fiction » faisait partie de leur démarche qui était volontairement ou involontairement confuse. Depuis lors, les adhérents du marxisme se balancent entre l'illusion et la résignation.

En 1848 se termina la défaite de la « Révolution Européenne ». Marx et Engels prirent à la suite leur retraite. Cette défaite était la victoire de l'Etat national – je dis « Etat national » parce que des termes tels que Etat féodal ou Etat bourgeois ne correspondent pas à la réalité. Mais aussi des structures plus vielles ont survécu à la révolution de 48. Il s'agissait d'Etats nationaux où il y avait des éléments féodaux, bourgeois et des éléments de puissance politique. Nous nous efforçons par la suite d'une terminologie différente et plus claire. L'essence de l'Etat national était à la base de l'Etat impérialiste. On lui attribuait la tâche d'organiser une armée, de construire et de parfaire l'industrie de l'armement et de militariser la société. L'Europe se convertit alors dans un arsenal d'armes et se prépara aux expansions les plus agressives de son histoire. Tandis que Marx a théorisé sur les différenciations de l'Etat féodal, un Etat tout à fait différent de sa vue se faisait jour. Depuis lors, c'est l'Etat impérialiste qui règne en Europe occidentale, un Etat qui est caractérisé par la militarisation, l'agression et l'expansion.

Critique substantielle à la théorie du *Manifeste Communiste* – résultat.

Le socialisme n'a pas d'importance. Dans un monde en scission, la liberté des peuples est subordonnée à la forme d'organisation de la production et de l'économie. L'impérialisme peut – même sous la coupe de l'économie planifiée – mener des guerres, agrandir son influence et subjuguer d'autres peuples. Par contre, le socialisme ne peut naître que si tous les peuples sont libres, autrement il est capable de toutes les monstruosités dans les métropoles de même que le capitalisme, il s'agit donc alors de machiavélisme, fascisme et impérialisme. Le socialisme n'est pas exempt d'agression, d'expansion et de subjuguer d'autres peuples. Le socialisme dans un seul pays n'est pas contraire au racisme. La propagation du socialisme par des intellectuels qui veulent être révolutionnaires, est absurde lorsqu'elle est faite dans les métropoles. Même après une réforme socialiste, les métropoles seraient capables des plus grands crimes contre les peuples subjugués. Le mot d'ordre révolutionnaire ne peut être que la dissolution de l'impérialisme. La priorité absolu de toute politique progressive se doit à la lutte contre l'oppression des peuples étrangers. Sans la liberté des peuples, il n'y a pas de socialisme. Dans l'Europe du temps de Marx et d'Engels, il n'y aurait eu qu'un seul mot d'ordre révolutionnaire: retrait de toutes les troupes de tous les continents et les océans, dissolution des armées, cassure de l'industrie d'armement, abolition du militarisme et du service obligatoire. La guerre aurait cessé d'exister. Le fait que la classe travailleuse prend le pouvoir et la dictature du prolétariat dans les métropoles ne changent en rien à la structure de la domination. Le monde en scission resterait inchangé. Mais comme le moyen de puissance de l'impérialisme est constitué par le militarisme, celui-ci doit être désarmé ce qui est la condition pour la liberté et le socialisme dans le monde, l'Europe y comprise. Cependant le marxisme veut que le pouvoir change de mains desquelles il croit qu'elles aspirent au socialisme. Correct serait uniquement d'utiliser toutes les forces pour la dissolution du militarisme et de son infrastructure. La guerre ne doit être ni un moyen de la politique ni un moyen pédagogique, thérapeutique ni un moyen de quoi que ce soit. Dans tous les autres cas, chaque changement dans les métropoles ne serait qu'une opération de chirurgie plastique sur le terrain du monde en scission. Alors le marxisme est susceptible de se lier au fascisme. Le socialisme serait alors une planche pour l'impérialisme. Le socialisme et le racisme ne s'excluraient pas.

On peut résoudre le problème des différences sociales d'une manière asocial. Sous les conditions de l'impérialisme, le problème social est résolu par le moyen des agression, d'expansion, d'invasion et d'expoliation des richesses d'autres peuples. Les problèmes sociaux de l'impérialisme, la pauvreté et la paupérisation, seront exportés vers les pays subjugués. C'est exactement cela qui s'est passé depuis lors. Cela n'était pas un hasard, mais préméditation. C'est du sein de la révolution européenne qu'est né l'impérialisme social.

Après l'échec du soulèvement de 48, les Etats nationaux, impérialistes, européens sont passés au ratissage. Ils ne voulurent pas que les communistes continuaient à se révolter.

Quant à Marx, il n'a été ni arrêté ni incarcéré comme beaucoup d'autres. Il alla à Bruxelles et en Angleterre, où il vécut jusqu'à la fin de ses jours. Marx se dédiait alors à ses théories. Ce n'est qu'en Angleterre qu'il

commença à développer systématiquement cette théorie qui sera connue plus tard comme « marxisme ». Elle n'était point élaborée en 1848. A la fin de cette période parut le *Capital.*
Ce que je voudrais dire pour clôturer ce chapitre, est le résultat suivant: cette époque était un moment de renouveau. Il demeure que je ne sais répondre à la question de savoir si l'ingérence du marxisme dans les événements de la révolution l'a favorisée ou non.

Quant à la révision de l'histoire, 1848 – était-ce une révolution ou une contre-révolution?

La révolution de 48 se soldait par un échec. Question: que devinrent les révolutionnaires. Quelques uns furent condamnés, d'autres passèrent devant le conseil de discipline administratif.

1

Ils s'ensuivent les sombres chapitres de la révolution de 48 sur lesquels les historiens européens de droite ou de gauche se taisent: la répartition de l'héritage de la révolution. La falsification de l'histoire commença déjà par Marx et Engels qui avaient dédié à la « Révolution de 48 » plusieurs travaux. L'historiographie du socialisme historique – pour ne pas parler de celle de la bourgeoisie – n'a que continué la formation des légendes sur les événements après 48. La conséquence en était une fiction romantique qui est difficile à passer sous silence dans la pensée historique actuelle européenne sur cette époque.

Mon anti-thèse par rapport à *Révolution de 1848* est que celle-ci était une des conditions décisives pour l'avance du colonialisme et la victoire de l'impérialisme européen. La base qui était porteuse de la révolution fut mise en marche. Elle parvint à tous les coins du monde et organisa des « colonies », entendues dans le sens primitif de villages palissés constitués par des colonistes. Je concède que le transfert vers outre-mer a été désigné comme une « punition ». Pour la plupart des voyageurs, le transfert fut du moins une aventure. Remplis de rêves romantiques de faire des découvertes et des conquêtes, les voyageurs aspiraient au pouvoir et à la richesse. En tant qu'idéalistes si toutefois il y en avait toujours, ils se prirent eux-mêmes pour des pionniers. Une série d'expoliations, de vols et de massacres commença alors pour les pays cibles en Afrique, Asie et aux Amériques. Les pionniers qui avaient été au départ des révolutionnaires, devinrent d'un jour à l'autre des massacreurs. Très vite les socialistes d'antan devinrent une puissance redoutée. En Afrique, Asie et Amérique Latine, ils rassemblèrent d'un coup une grosse fortune; ils y étaient arrivés comme colonistes et offrirent ainsi la base sociale pour le colonialisme. C'est sur ces révolutionnaires que s'appuyait le colonialisme. Rien ne fait nous comprendre qu'il s'agissait, à l'origine, de révolutionnaires. Nulle part on ne nous dit que ces communistes allemands, européens qui étaient allés au Chili, en Australie ou ces communistes français qui étaient allés en Algérie ou en Afrique du Nord ou les autres qui s'étaient dispersés en Afrique, Asie ou en Amérique du Nord, du Sud ou Centrale, avaient fait preuve d'un comportement révolutionnaire. Très vite ils devinrent partie intégrante du système d'oppression du colonialisme. Ce n'est que par eux que l'impérialisme devrait remporter sa victoire sur les peuples, car il les dominait à travers de ses colons. Peut-être même que l'idée de cette évolution fût même ancrée dans leur patrimoine d'idées communiste, socialiste ou marxiste duquel fait partie la représentation selon laquelle ces pays ne sont capables à la révolution qu'après avoir subi l'évolution vers l'industrialisation et le capitalisme. En tout état de cause, ils ne sont plus venus vers les pays tricontinentaux dans leur qualité de révolutionnaires. Les colons qui avaient été en Europe des révolutionnaires, changèrent vite leur situation de classe et ensuite leur conscience. L'opprimé devint un oppresseur et exploiteur. Tel que leur être avait changé, la métamorphose se faisait jour dans la conscience de la gauche. Il est possible qu'ils pensaient: Ce qui était révolutionnaire en Europe, avait été conçu pour l'Europe et non point pour le monde entier. Même les communistes européens avaient du mépris pour l'Afrique et l'Asie – soit dit en passant, c'est valable encore aujourd'hui – ils disaient que ce qui était valable pour l'Europe n'était pas valable pour l'Afrique. Lorsqu'en 1798 Napoléon arriva en Egypte et en Palestine à la tête de la Révolution française, il y vint pour piller et massacrer. Il massacra des villes entières, par exemple la population arabe de Jaffa, à l'aide des troupes de la Révolution et de ses révolutionnaires qui ne demandaient pas mieux que de le suivre pour réaliser leur idéal d'aventure. D'un coup, les révolutionnaires de la France se convertirent en bouchers des peuples. Car si la liberté, la fraternité et l'égalité étaient valables pour l'Europe, alors leur validité ne dépassait point les frontières et ne s'appliquait point au monde entier, encore moins monde arabe.

2

Ceci a été la position directe ou indirecte du marxisme; quelques théoriciens y mirent peut-être des accents différents. Nous ne trouvons nulle part dans l'ensemble de l'œuvre de Marx une considération selon laquelle l'humanité serait vraiment égale. L'Afrique et l'Asie sont marginalisées chez Marx, autant que dans les écrits des bourgeois. C'est cet euro-centrisme que Marx partage avec Hegel. Peut-être que l'Afrique rejoigne un jour l'Europe, alors il sera valable pour l'Afrique la même chose que pour l'Europe. En tout cas, ni Marx ni Engels n'ont considéré l'Afrique et l'Asie comme des sujets capables de la révolution. L'anti-islamisme typique pour l'Europe et l'hostilité envers les arabes qui caractérise encore aujourd'hui l'Europe, sont repris à leur compte par Marx et Engels, ce qui veut dire que des représentants de l'illustration allemande tels que Lessing et Goethe étaient plus progressifs qu'eux.

Ici je voudrais faire remarquer que ma critique n'est pas basée sur le racisme. Néanmoins, je dois souligner l'importance de la critique au racisme marxien. Car celle-ci est le critère ultime d'une valorisation d'un système philosophique. Humanisme et racisme, c'est une contradiction irréconciliable. Nous ne pouvons absoudre ni Marx ni Engels du reproche de racisme.

3

Dans le cadre d'une révision de l'histoire, on doit poser à nouveau la question du véritable caractère de la révolution de 1848. Ce qui est sûr c'est que la bourgeoisie ascendante aspirait à plus de pouvoir à l'intérieur de l'Etat. L'Etat en Europe était pour eux le moyen de la domination mondiale. Marx et Engels n'étaient pas très loin de cette vue, seulement, eux, ils donnaient une légitimation communiste à ce but. Les dossiers historiques ne prêtent pas à l'équivoque. C'étaient des soldats et des colons impérialistes qui avaient fait la révolution européenne en 1848. Friedrich Engels qui s'était identifié avec eux les décrit de cette manière:

> « Il s'agissait à la fin de 700 à 800 hommes, en tout cas des soldats les plus sûrs de tout le Palatinat, dont les sous-officiers avaient pour la plupart fait leur service et une partie d'eux connaissait la petite guerre[67] qui se faisait en Algérie[68]. »

---

67 « *Petite guerre* », c'est-à-dire la guerrilla. Engels fait ainsi allusion aux formes de combat de la résistance algérienne. Les combattants de la liberté ne se montraient pas dans de grandes formations de combat, sinon en de petits groupes. Ils attaquaient le troupes d'invasion françaises, leur infligeaient des pertes et se retiraient. Une armée régulière se trouve dans l'impossibilité de répondre à cette forme de combat. Elle se trouve placée devant le choix de poursuivre les guerrilleros jusque dans des régions difficiles d'accès et de se détruire ainsi elle-même, ou d'accepter la défaite et de se mettre à la défensive. En tout état de cause, l'armée réguliere ne peut pas répondre à la guerrilla par la guerrilla, puisque les soldats-colons n'ont pas le même esprit de sacrifice qui est celui de la résistance. Mais c'étaient bien ces soldats de l'invasion impérialiste qu'Engels décrit comme les porteurs de la « révolution » de 1848.

68 Friedrich Engels: *Die deutsche Reichsverfassungskampagne,* MEW, 7, p. 156.

4

Il y a beaucoup d'indices que la « révolution européenne » était par son contenu une contre-révolution. Cela n'est pas mis en question par le fait que des groupuscules minoritaires et sincères défilaient sous des drapeaux rouges en scandant des slogans progressifs. Chez Marx et Engels nous trouvons beaucoup de passages dans le texte où ils favorisaient l'expansion coloniale et impérialiste par des arguments dont le verbiage était progressif: déjà au moment de la rédaction du *Manifeste Communiste*, Engels écrivit dans un autre endroit:

> « Aux Amériques, nous étions spectateurs de la conquête du Mexique et nous nous en réjouissions. En réalité, c'est un progrès ... qu'un tel pays est entrainé dans le mouvement historique par la force. C'est dans l'intérêt de sa propre évolution que dorénavant il est placé sous la tutelle des Etats Unis[69]. »

5

Du point de vue historico-critique, il est nécessaire de soumettre la « révolution européenne de 48 » à une démystification. En tout cas, il est nécessaire de voir son ambivalence. Elle terminait par un échec. C'est précisément cette issue qui offrait les conditions préalables au consensus national qui s'établira aussitôt. Les vainqueurs, c'est-à-dire les Etats européens, avant tout la Prusse, commencèrent à recruter les anciens révolutionnaires pour les guerres impérialistes qui devront être menées contre le monde extra-européen. D'un seul coup, c'était le marasme de la gauche européenne et la critique de Marx et d'Engels se tut.

6

De la révision de l'histoire, il fait partie une deuxième tâche. L'eurocentrisme n'est point une réserve de l'historiographie bourgeoise. Ce qui le caractérise c'est un renversement des rapports de la réalité à l'echelle mondiale. Tandis que l'Europe a préparé à plein la mobilisation contre les peuples avant, pendant et après 1848, on parle dans les écrits historiques de la « révolution européenne ». Et tandis que de l'autre côté, à l'extérieur de l'Europe, les peuples se défendent contre les agressions européennes, les mêmes auteurs les désignent comme rétrogrades. Tandis que le prolétariat européen et la paysannerie mènent des guerres coloniales contres les peuples afro-asiatiques, on leur attribue une mission révolutionnaire. Ce qui est correct c'est que le 19ème siècle était caractérisé à l'échelle mondiale par la révolution. Seulement, ces soulèvements ont moins lieu en Europe que dans le Sud. Et encore plus, c'est le Nord qui les tabasse.

---

69 Friedrich Engels: *Die Bewegung von 1847*, in: MEW, 4, 501.

Il y avait de grands mouvements de soulèvement à l'extérieur de l'Europe, qui par le fait d'être décrits par des historiens européens ont acquis une moindre importance dans les ouvrages didactiques de l'histoire qu'ils ne méritent. Quand l'euro-centrisme sera sublimé par l'historiographie, la révolution européenne de 48 et ses porteurs auront une moindre importance, en tout cas plus relative, au lieu de l'importance absolue dont ils bénéficient actuellement. L'histoire du 19ème siècle n'est non seulement celle du colonialisme et des agressions impérialistes européennes, mais aussi celle de la résistance des peuples. C'est sous cet aspect que l'histoire mondiale doit être réécrite.

Du point de vue méthodique et du contenu, il est absolument légitime de poser la question de savoir si le marxisme favorise ou détruit la révolution mondiale. Alors que le marxisme en pronostiquait une, il en a détourné le mouvement de 1848. C'est à la faveur d'une révolution hypothétique qu'il fait le sabotage d'une révolution réelle. Car selon Marx et Engels, les pays « arriérés » devraient d'abord avoir absolvé l'époque nouvelle du capitalisme pour être mûrs pour le socialisme.

7

L'itinéraire politique de Marx n'a été guère l'objet d'une étude par rapport à ses contradictions, alors qu'il y a plusieurs raisons pour cela:

1. Engels et Marx poursuivent méthodiquement le but de dissoudre une organisation clandestine, bien structurée et révolutionnaire et de « libérer la ligue [des Justes, Karam Khella] de ses traditions et formes anciennes de conspiration[70] ». En 1847, Marx et Engels purent imposer que la « Ligues des Justes » fut dénommée dorénavant « Ligue des Communistes ». En même temps, les structures organisationnelles furent exposées au grand jour. Le morcellement du mouvement communiste depuis 1848 ne peut être vu sans mentionner le fait que ses formes d'organisation et de travail furent rendues publiques.
2. La « Ligue des Communistes » qui a été revendiquée et fondée par Marx et Engels, sera dissoute de nouveau à la suite d'une demande de Marx en 1852 et elle cessa d'exister.
3. Marx était parent par alliance familiale avec l'un des plus grands persécuteurs des communistes, le ministre de l'intérieur prussien du nom de von Westphalen, et cela durant l'époque réactionnaire, très sombre de 1850 à 1858. En soi, cela ne peut constituer une pièce à conviction. Von Westphalen qui était le frère ainée de Jenny, la femme de Marx,

[70] Friedrich Engels: *Zur Geschichte des Bundes der Kommunisten*, MEW 8, 577-593, p. 585.

n'est pas critiqué par Marx, tout comme Marx n'est pas recherché par lui pour cause d' « activités politiques ».

4. Par deux fois Marx était le rédacteur en chef de journaux bien vus: de 1842 à 43 de la *Gazette rhénane* et en 1848 du *Nouveau journal rhénan.* Il s'y agissait de porte-parole du capital. La bourgeoise a protégé Marx. En contre-partie Marx lui offrait le prédicat de « révolutionnaire » par rapport à l'Etat féodal. Non seulement en tant que porte-parole du capital et directeur de ses organes de presse, mais aussi en tant que théoricien il a défendu le déploiement libre et sans entrave du capitalisme. L'évolution capitaliste ne doit pas, selon lui, être arrêté par des luttes politiques d'en bas; Marx les a qualifiées expressément comme « bêtes » (allemand = « töricht », note d.tr.). De la même façon, Marx a critiqué des essais par en haut d'intervenir dans l'évolution du capitalisme selon des lois. C'est pourquoi il choisit pour ses travaux la dénomination de *Critique de l'économie politique*.
5. Les révolutionnaires contemporains ont ressenti la présence de Marx et d'Engels comme une grande charge et comme nuisible à la pratique politique. C'est en larmoyant que Wilhelm Weitling se plaint à plusieurs reprises des dangers qui émanent d'eux.
6. Marx et Engels ne comptent pas parmi les communistes qui ont été persécutés par l'Etat et condamnés par un tribunal, alors que beaucoup de révolutionnaires subirent des dures représailles, voire même la torture. Pour garder la forme, Marx a été convoqué à paraître devant un tribunal. La contre-révolution qui a remporté une victoire sans contestes, a instauré une justice ad hoc pour poursuivre les révolutionnaires, mais elle a réhabilité expressis verbis Marx. On lui conseilla de quitter l'Allemagne. Le 16 mai 1849, Marx partit via Paris pour Londres.

Treizième chapitre

Des journalistes en vue et une rapide carrière dans la presse.

Après la fermeture de la NrhZ[71], Marx et Engels font paraître la « Neue Rheinische Zeitung – Politisch-ökonomische Revue » (NrhZ-Revue) en 1850 et ils obtiennent un large public. Pendant une décennie, du début de 1852 jusqu'à 1862, le New-York Daily Tribune (NYDT) offrait régulièrement aux deux journalistes allemands une large place pour des essais sur les Etats européens ainsi que sur des événements de la politique mondiale. Marx et Engels font preuve d'une grande capacité à l'adaptation à la politique rédactionnelle du journal. Une certaine manière de critiquer les Etats européens ainsi que leur politique a dû être d'un intérêt commun tant à Marx et à Engels qu'aux éditeurs. Marx et Engels écrivent aussi régulièrement en 1855 dans le « Neue Oder Zeitung » (NOZ) de Breslau en Silésie et contribuent ainsi par cet organ de former l'opinion publique par un choix d'articles. Ils font exactement ce qu'ils reprochent à d'autres. Dans ses articles, c'est surtout Engels qui se montre comme étant un grand expert dans des questions militaires. Il est donc d'autant plus surprenant que l'on ne trouve dans leur théorie aucune trace du grand savoir sur le rôle de la guerre comme base de la politique européenne. A côté des publications dans le NYDT et le NOZ, ils publient aussi des articles dans d'autres organes ce qui agrandit considérablement leur notoriété. Depuis sa fondation le 28 septembre 1864, Marx participait aussi au travail de la « Association internationale des travailleurs » – dont le nom se changera plus tard à tort en « Ière Internationale ». Ce chapitre de la pratique marxienne est décrit par Lénine de la manière suivante:

> « En essayant d'unifier le mouvement ouvrier des différents pays et de mettre sur la même voie les différentes formes du socialisme non-prolétarien prémarxiste (Mazzini, Proudhon, Bakunine, le trade-unionisme libéral anglais, les déviations de droite de Lassalle en Allemagne), tout en combattant les théories de toutes ces sectes et écoles, Marx forgeait une tactique unifiée de la lutte prolétarienne de la classe ouvrière des différents pays »[72].

---

71 « *Neue Rheinische Zeitung* » (Nouveau Journal Rhénan) fut édité sous la direction de Karl Marx et de Friedrich Engels à Cologne du 1er juin 1848 jusqu'au 19 mai 1849; son rédacteur en chef fut Karl Marx.

72 W. I. Lenin: *Karl Marx - Friedrich Engels - Eine Einführung in den Marxismus.* - Tirage à part, Berlin 1970, p. 8.

Cette appréciation de Marx par Lénine, je ne puis la soutenir d'après mes propres résultats de recherche. Marx faisait exactement le contraire de ce que nous dit Lénine. Marx n'a pas unifié des fractions divergentes du mouvement ouvrier pour les harmoniser, c'est plutôt le contraire. Il combattait leur dirigeants reconnus et aspirait à les disqualifier, à les isoler socialement et à les rendre inutiles pour la politique. Les propres écrits de Marx sont sans équivoque. Ce n'était pas de son fort de présenter sa théorie de telle façon qu'elle fût acceptée unanimement. Quant à la collaboration à la « Association Internationale des Travailleurs », Marx même nous en témoigne. Son discours qui s'intitule « Salaire, Prix et Profit » et qui fut prononcé lors d'un débat de la AIT le 27 juin 1865, a pour but de diviser et non point d'unifier. Marx y attaque durement le mouvement contre le système capitaliste des salaires. Il attaque nommément John Weston dans sa qualité de représentant de l'aile gauche de la AIT[73]. Contrairement aux allégations de Lénine, il est correct de dire que Marx défendait les intérêts de la bourgeoisie et qu'il imposait ceux-ci aux ouvriers et aux socialistes. Marx soutenait la thèse selon laquelle la bourgeoisie était progressive, démocratique, voire révolutionnaire face au féodalisme. Il ne faut pas oublier que le féodalisme en tant qu'époque historique est une invention marxienne. Les structures économique de l'époque désignée par ce terme sont assez différenciées. Le féodalisme ne constituait qu'une structure parmi d'autres et il n'était point dominant, au moins pas à l'échelle mondiale. L'esclavage et le servage ne sont pas de phénomènes universaux, mais spécifiquement européens. Même dans le cadre européen, les seigneurs féodaux ne formèrent pas de classe réelle, organisée et unifiée. La bourgeoisie que Marx appelle révolutionnaire était par contre la puissance la plus dangéreuse et contre-révolutionnaire dans la société. Ce n'est pas seulement du terme de « bourgeoisie révolutionnaire », que l'on doit prendre congé, mais au fond aussi du terme « bourgeoisie » auquel Marx a donné un sens précis. Il s'agit en réalité de la tête des forces impérialistes. Cette dite « bourgeoisie » – comme nous y sommes habitués à cette expression! – avait besoin (de la classe) des travailleurs et (de la classe) des paysans pour les utiliser comme fantassins dans la réalisation des guerres d'agression et d'invasion contre les peuples extra-européens. Pour le récrutement, la propagande avait besoin de s'appuyer sur l'idée d'une alliance de la « bourgeoisie » et des « travailleurs ». Marx en a fourni la théorie et la raison de la nécessité pour les travailleurs de s'allier à la bourgeoisie, de se soucier du plein déploiement du capitalisme et d'en payer le prix.

[73] MEW 16, pp. 101-152.

C'est probablement la raison pour laquelle Marx et Engels étaient appuyés par des groupes d'intérêts qui, eux, avaient un intérêt à offrir à ces deux intellectuels doués les organes de presse. L'appareil de presse coûteux n'était cependant jamais trop coûteux pour la construction du capitalisme et de l'impérialisme.

Quatorzième chapitre

L'apologue historique du capitalisme et le critique légendaire au capitalisme.

La **problématique** est définie par l'éventail des questions suivantes:

1. Est-ce que Marx était pour ou contre le capitalisme?
2. Est-ce que Marx était un avocat du mouvement ouvrier ou un avocat de la partie opposée?
3. Les sources primaires.
4. Le nihilisme dans le marxisme.
5. Le « communisme scientifique ».
6. Le socialisme historique et Marx.

L'importance et l'influence des écrits politico-économiques de Karl Marx pour le mouvement ouvrier.

Salaire, Prix et Profit fut rédigé à une époque (1865) où Marx avait terminé le processus de la formation théorique sur l'économie politique. La conception schématique du *Capital* (paru en 1867) devrait être achevée alors en 1865 et il n'y restait plus que de préparer l'impression.

Le *Capital* de Marx est une réception soigneuse de l'économie politique telle qu'elle fut enseignée à l'université surtout en Angleterre. La prétention que Marx avait revendiquée depuis des décennies, à savoir de faire une « critique » de l'économie politique, fait semblant d'enseigne sur la page de titre, mais le travail de Marx n'y correspond ni dans les tomes du *Capital* ni dans ses autres travaux. Marx a plutôt l'ambition de découvrir des erreurs qui se sont glissées dans les travaux des penseurs bourgeois pour les corriger. Comme si la tâche de la critique de la science bourgeoise était de la présenter d'une façon meilleure qu'elle ne se trouve chez ses représentants bourgeois. Marx est obsédé par l'idée que le capitalisme se déroule « légalement » (du lat. lex = loi dans le sens d'une loi économique, physique et autre, note du tr.). A l'économie politique revient selon lui la tâche d'isoler d'une manière aussi précise que possible cette légalité et de la représenter. Ceci est certes un but très ambitieux. Mais alors on se demande ce que devient la « critique de l'économie politique ». Ce que

montre Marx ne sont en réalité que des erreurs de déduction de certains auteurs. Il ne met pas fondamentalement en question la pensée bourgeoise de la science économique.
Travail salarié et Capital (1849), *Salaire, Prix et Profit* (1865) et la couronne de l'économie politique marxienne, *Le Capital* (1867), sont des travaux[74] qui ne servent pas le renforcement du mouvement ouvrier, mais qui ont une direction d'attaque contre celui-ci. Marx y parvient non seulement par le principe des moyens théoriques de son analyse du capitalisme, mais aussi par la voie concrète vis-à-vis des revendications journalières des ouvriers, par exemple dans les années agitées de 1848, 1849 et 1865. Marx coupe l'eau aux ouvriers et les attaque par des arguments sans qu'ils le sachent. Le bien-fondé de cette affirmation, je le montrerai dans la suite. Maintenant je veux poser la question de savoir comment il a été possible que ce manque n'a pas été aperçu pendant un siècle et demi. La raison en est-elle un problème herméneutique inhérent à l'œuvre marxienne? La raison en est-elle la conséquence du fait que des groupes d'intérêt ont stilisé Marx et Engels comme les représentants de la révolution prolétarienne, ce qu'ils font encore aujourd'hui? La raison en est-elle que l'espoir mis en Marx par les mouvements ouvriers et socialistes a été si grand que l'on est prêt à avaler la pilulle amère de la théorie?

Le rapport de Marx au mouvement ouvrier d'un côté et aux capitalistes de l'autre.

Le mouvement ouvrier se composait à ses origines par un éventail de groupes que Marx, Engels et d'autres ont diffamé en les appelant des *Maschinen-Stürmer* (destructeurs de machines), appelation qui s'est ancré dans l'historiographie. Ces Maschinen-Stürmer formaient la pointe du mouvement anti-capitaliste. Ils avaient compris qu'une *certaine* forme d'industrialisation et une technologie *tout à fait spécifique* avec toutes leurs conséquences immédiates et à venir devaient être supprimées, ce à quoi j'aurais adhéré aussi. La production industrielle n'est pas contrainte à suivre une voie tout à fait prédéterminée ce que crurent Marx et d'autres. Néanmoins les *capitalistes* cherchent la voie qui est la plus profitable pour eux. Empêcher cette évolution ne serait possible que par des actions et du militantisme politiques. C'est précisément cela que firent les *machino-clastes*. Il s'agissait entre autre d'artisans et ouvriers spécialisés qui avaient

[74] Pour la compréhension du système économique marxien, il est aussi important de consulter les ouvrages publiés après sa mort: Marx: *Zur Kritik der Politischen Ökonomie* (1858-59); *Introduction (à la critique de l'économie politique)* (1857); et Marx: *Grundrisse der Kritik der politischen Ökonomie* (1857-58). Nous faisons référence ici seulement aux textes publiés du vivant de l'auteur.

compris que l'industrie impérialiste détruit les facultés humaines et mène à l'adaptation au milieu. Ils aspiraient à réaliser une technologie dont la conséquence n'est pas la diminution de l'intelligence du travailleur, mais le développement de la personalité, non point la disqualification, mais la formation continue qui préserve la dignité de l'homme et son intégrité. Déjà au dix-neuvième siècle, il y avait des voix qui s'élévèrent contre la destruction écologique et pour un progrès en harmonie avec la nature. Pourquoi la réalisation de leurs buts auraient dû être impossible, alors que le mouvement était assez large. Par cela on reconnaît le besoin des capitalistes et impérialistes de disposer de quelqu'un qui s'impose comme représentant présumé des intérêts du prolétariat. Autrement on ne peut pas expliquer le fait que Marx fut chargé de la direction des organes Rheinische Zeitung, *Neue Rheinische Zeitung* et *Neue Rheinische Zeitung-Revue* qui étaient au service du capital. Les essais qui se trouvent dans ces journaux, expriment cela d'une façon claire.

Le deuxième exemple significatif de mouvements anti-capitalistes était celui des grands courants contre les système de salaire et d'évaluation de l'efficacité du travail. Tout comme dans le cas des machino-clastes, Marx soutenait contre les mouvements dirigés contre le salaire la position selon laquelle non seulement le capitalisme devait se développer, mais aussi la relativité de tous les prix tant des marchandises que du travail devait être maintenue. Ce qui veut dire en claire que Marx s'opposait contre des revendications salariales qui, à son avis, étaient trop élevés puisqu'elles mettraient en branle l'équilibre de l'économie politiquel capitaliste. Marx était en tout cas intransigeant dans la question du maintien de principe du système salarial. C'est encore la veille de la « révolution allemande », lors des fêtes de Noël de 1847, que Marx rédigea l'écrit *Arbeitslohn* (Salaire de travail, édité après sa mort). Le dernier et huitième chapitre contient comme sommet le sujet : « Côté positif du salariat »[75]. Les travaux publiés du vivant de l'auteur ne font que renforcer la tendance qui s'amorce ici. C'étaient probablement les grands mouvements contre les systèmes de salaire, qui provoquaient Marx à faire ses publications politico-économiques. Ceci ressort du moins clairement de son ouvrage *Salaire, Prix et Profit*. Le traité est dirigé contre la fraction radicale dans le mouvement ouvrier et nommément contre son porte-parole pendant les débats du conseil général de l'AIT, Weston. Contrairement aux mouvements en opposition au salariat, Marx soutenait la thèse que non seulement le capitalisme devait se déployer, mais aussi que le salariat devait être sauvegardé. Dans *Salaire, Prix et Profit*,

---

[75] Karl Marx: *Arbeitslohn*, (fin décembre 1847), voir en particulier le chapitre huit, MEW 6, à partir de la page 535, et surtout à partir de la p. 555 ss.

Marx diffamait expressément les exigences d'un « salaire juste » ou d'un « salaire égale » comme une « exigence bête », comme « matérialisme plat » et « faux ». *Salaire, Prix et Profit* ne justifie non seulement d'une façon générale le système capitaliste du salariat, mais aussi le classement des salaires échelonnés, différenciés et divisionistes. C'est la théorie du salaire marxienne qui a formé l'expression du « travail social ». C'est par cette expression que Marx a justifié la marginalisation des ouvriers moins diligents par le salaire. C'est une conséquence de cette théorie salariale que des groupes sociaux tels que les handicapés, les malades et des ouvriers non spécialisés doivent prêter leur force de travail à un prix inférieur à la moyenne et qu'ils reçoivent nécessairement une retribution relativement faible. Marx a défendu le système du salariat par tous les moyens: par la parole, l'écrit et l'action, il combattait les adversaires du salariat. C'est en ce sens qu'il a pris la parole au cours des congrès et débats de l'Internationale, et malheureusement il a pu s'imposer. Ce n'est pas en dernier lieu qu'il a dédié ses chefs-œuvres à ce sujet. Il y a des travailleurs qui participent à la production en travaillant plus lentement que la norme sociale ne le préscrit et parmi eux il y en a qui le font pour des motifs politiques ou par solidarité avec des collègues plus faibles. Marx punit tous de la même façon par sa théorie du salariat. Il les persécute par la peine la plus dure qui peut frapper un salarié: la diminution du revenu. Il a cru nécessaire d'attaquer la revendication d'un salaire juste par des raison économique et politique dans sa *Critique du Programme de Gotha*[76].

Aujourd'hui nous sommes confrontés au fait que le capitalisme est établi et ancré dans les consciences. Cela n'a pas été le cas au 19ème siècle. Aujourd'hui, le capitalisme nous paraît nécessaire. Au siècle passé, Marx a dû d'abord imposer la thèse de son inéluctabilité. Cela ne fut cependant pas seulement de la théorie grise. La conséquence pratique de cette théorie ne consistait pas seulement à faire comprendre la nécessité et l'inéluctabilité du capitalisme aux masses du personnel d'usine et des ouvriers, mais aussi à les guider concrètement vers le fait qu'elles acceptent le système du salariat. Marx avoue dans la préface à *Par rapport à la critique de l'économie politique* qu'il avait des soi-disant intérêts personnels qui l'avaient poussés vers les questions d'intérêt économique[77]. C'est-à-dire que l'intérêt principal de Marx était pendant 40 ans la lutte théorique et pratique *pour* le maintien du système de salariat et contre les mouvements qui combattaient ce système. Marx a dit oui au capitalisme, et non aux revendications qui auraient pu faire exploser le système du salariat. Plus

[76] Karl Marx: *Kritik des Gothaer Programms*, rédigée d'avril ... 1875, in: MEW, tome 19, pp. 11-32.
[77] MEW, tome 13, p. 7.

tard, il prônait des majorations de salaire pour compenser l'inflation. Il a été contraint de faire cette concession, vu que l'influence des fractions plus logiques dans les mouvements ouvriers et socialistes étaient en train de croître par la parole de leurs porte-parole tels que Ferdinand Lassalle et John Weston. Pour des raisons tactiques, Marx était obligé d'accepter des majorations de salaire a fin qu'il pût isoler les fractions radicales socialistes, qui brandirent la « loi airain du salariat ». En contre-partie il accepta de diviser le mouvement ouvrier.

Le mouvement contre la destruction de l'homme et de la nature par l'industrie qui était celui des machino-clastes et le mouvement contre le salariat sont la pointe de l'iceberg des courants prolétariens qui auraient pu mettre en question le capitalisme et dont la défaite était principalement l'œuvre de Marx et d'Engels.

Marx invitait à la capitulation devant le capitalisme pour ne pas gêner son évolution *selon des lois*. Qu'y avait-il de mieux pour les capitalistes que de répandre dans les rangs des travailleurs les idées de l'économie nationale de Marx. Marx a justifié ses vues en disant que seul la légalité de l'évolution capitaliste pourrait détruire celle-ci. Alors le prolétariat serait le successeur de la bourgeoisie. On proclamera l'Etat ouvrier et le socialisme. C'est cela la théorie de la révolution marxienne. Elle est d'essence mecaniciste puisqu'elle est liée à l'exacerbation des contradictions du mode de production. Mais même cette perspective ne gêne pas les capitalistes, et si cela est le cas tout de même, alors ils doivent accepter quelques maux d'estomac en retour. Marx a déconseillé d'entrer hic et nunc dans le combat et préferait de consoler les travailleurs par une victoire dans un avenir lointain et incertain. Sa théorie économique aussi bien que celle de la révolution ne sont que formellement une modification de ses propres paroles selon lesquelles la religion est l' « opium pour le peuple », en réalité sa théorie l'est aussi. Les capitalistes prêtaient une grande attention tant à Marx qu'à ses œuvres et leur propagation. En revanche, les œuvres de Weitling furent confisquées au cours de la route vers les libraires, les exemplaires furent enlevés des rayons et les libraires furent obligés de rendre compte de la distribution et de la clientèle. Par contre, la censure n'avait rien à objecter contre la circulation des œuvres de Marx. Avec beaucoup d'adresse les autorités surent provoquer l'impression qu'il y avait une littérature de gauche non désirée sans faire des entraves à celle-ci. Non seulement des journaux bourgeois, mais aussi des organes de presse de l'Etat prirent en charge la distribution du *Capital* marxien

surtout en publiant des récensions favorables nommément par Engels, car le *Capital* soutenait la thèse de la « nécessité du capitalisme ». Marx n'a non seulement torpillé des mouvements contre la technologie meurtrière, contre le « establishment » de l'ordre capitaliste et du système de salariat, il était aussi une arme de la théorie contre des fractions plus logiques et des radicaux de gauche. Il n'y avait que lui qui était capable de les forcer à la défensive, de les isoler et de les rendre inapte à la politique.
La thèse marxienne de l' « inéluctabilité du capitalisme » est devenu un exemple historique de la selffulfilling prophecy. Dans sa critique de la philosophie de droit de Hegel, il écrivit: « L'arme de la critique ne remplace pas la critique de l'arme ». Le capitalisme n'a pas été vainqueur du communisme et du socialisme au 19ème siècle par sa seule force ou attractivité, sinon par la jonction des deux système de critique. Il s'appuyait sur ses jambes: La répression par l'Etat, en particulier la Prusse, et la théorie marxienne, que Marx avait l'habitude d'appeler « critique ». Dans les deux cas, il aurait été la « contrainte non-économique » dont l'importance pour le capitalisme aurait été abolie selon Marx. Le capitalisme n'est pas devenu inéluctable par sa propre dynamique, mais plutôt grâce à l'inélucatabilité conjurée par Marx. Il semble que le marxisme a été la fée magique pour l'impérialisme et le capitalisme.

Sources primaires:

Karl Marx: *Arbeitslohn* (Salaire de travail, rédigé fin décembre 1847, publié après sa mort)[78]

Karl Marx: *Lohnarbeit und Kapital* (Travail salarié et capital)[79]

Karl Marx: *Grundrisse der Kritik der politischen Ökonomie* (Eléments de la critique de l'économie politique, ébauche, 1857-58, appendice 1850-59)

78 MEW 6, à partir de la p. 535.

79 Série d'articles dans: *Neue Rheinische Zeitung*, 5 à 11 avril 1849, correspond à MEW, tome 6, pp. 397-416, préfaces d'Engels dans: MEW 21, p. 174 ss; tome 22, p. 202 ss.

Karl Marx: *Einleitung [zur Kritik der Politischen Ökonomie]* (Introduction [à la critique de l'économie politique, rédigée fin août 1857 jusqu'à la mi-septembre 1857, publ. posth.)[80]

Karl Marx: *Zur Kritik der politischen Ökonomie*, (Quant à la Critique de l'économie politique), Berlin 1859[81]

Karl Marx: *Lohn, Preis und Profit* (Salaire, prix et profit, rédigé de fin mai jusqu'au 17 juin 1865)[82]

Karl Marx: *Das Kapital – Kritik der politischen Ökonomie* (Le Capital: critique de l'économie politique),

Buch I (livre Ier), Erster Band (Premier tome, 1867): *Der Produktionsprozeß des Kapitals* (Le Processus de production du capital)[83]

(Seul le premier tome du Capital a été édité par Marx et de son vivant. Le deuxième et troisième tomes furent édités par Engels.)

Buch II, Zweiter Band (Livre II, 2ème tome) : *Der Zirkulationsprozeß des Kapitals* (Le processus de circulation du capital), édité par Friedrich Engels, 2ème tirage, Hambourg 1893[84]

Buch III, Dritter Band (Livre III, 3ème tome): *Der Gesamtprozeß der Kapitalistischen Produktion* (Le processus d'ensemble de la production capitaliste), édité par Friedrich Engels, Hambourg 1894[85]

Vierter Band (4ème tome): *Theorien über den Mehrwert* (Théories sur la plusvalue), (comparéz Engels dans: *Die Neue Zeit*, novembre 1894[86])

Karl Marx: T*heorien über den Mehrwert* (Théories sur la plusvalue), quatrième tome du *Capital*)

erster Teil (première partie)[87]

zweiter Teil (deuxième partie)[88]

dritter Teil (troisième partie)[89]

---

80 MEW, tome 13, à partir de la p. 615.
81 MEW, tome 13.
82 MEW, tome 16, pp. 101-152.
83 MEW, tome 23.
84 MEW, tome 24.
85 MEW, tome 25.
86 MEW, tome 22, p. 506.
87 MEW, tome 26, 1ère partie.
88 MEW, tome 26, 2ème partie.
89 MEW, tome 26, 3ème partie.

Le nihilisme dans le marxisme:
Marx soutenait ces cinq points suivants: a) une conception de l'évolution *objective*, b) la politique doit être conforme selon lui avec cette évolution, c) Marx rétrécissait cette vue encore davantage et supposait qu'il y avait un déroulement de l'histoire selon des lois, d) ce déroulement est dirigé vers la fin de l'histoire (c'est selon Marx le début de l'histoire de l'humanité proprement dite), e) Marx était de l'avis que l'action humaine contre cette légalité présumée du développement historique était non seulement une pratique volontariste vouée à l'échec, mais aussi il la tenait pour nuisible et dangéreuse, parce qu'elle gêne le déroulement logique de l'histoire.

Par sa position selon laquel on n'a pas le droit d'agir contre la légalité présumée de l'histoire, le socialisme scientifique est en réalité un scepticisme de la pratique. Par l'attente d'un accomplissement d'étapes historiques, le « communisme scientifique » est, à proprement parler, un « nihilisme politique ». Le Marx de l'économie politique s'est éloigné beaucoup du Marx des thèses sur Feuerbach. Ce tournant caractéristique s'annonce déjà dans la préface à la *Critique de l'économie politique*[90] (1857-59). Marx y dit: « Ce n'est pas la conscience des hommes qui est leur être, mais c'est l'inverse: leur être social détermine leur conscience ». Beaucoup de marxistes essayent d'enlever la pointe à cette phrase et de relativiser sa dureté, par exemple Ernst Bloch, mais cela est contre l'intention de son auteur. Marx est arrivé à la conclusion que la conscience n'est qu'une copie de l'être. Il n'a pas attribué à la conscience une autonomie propre face à l'être. La conscience n'est que le reflet de l'être. C'est pourquoi cette proposition est devenue le principe du matérialisme. C'est dans cette optique rétrécie sans son renversement vers la proposition: la conscience sociale détermine l'être social, que la proposition est fausse et partage ainsi la responsabilité pour la stagnation ultérieure de la conscience politique des masses populaires et, ainsi, pour l'inactivité du communisme.

Le « communisme scientifique ».

Le cercle se ferme chez Marx. Les théories du « matérialisme », de la « base/ superstructure », du « primat de l'économie par rapport à la politique », de l' « inéluctabilité du capitalisme » et de la « nécessité du système de salariat », ces théories sont interdépendantes. C'est en cela que Marx est resté cohérent.

---

[90] Karl Marx: *Zur Kritik der politischen Ökonomie – préface*, (tirage à part, Berlin 1971, p. 15.

Le soi-disant « communisme scientifique » est, à y regarder de près, un anticommunisme. Car il a déplacé le communisme vers l'au-delà du capitalisme. Et il a proclamé que le capitalisme constitue le présent immédiat, est actuel et nécessaire, voire inéluctable. Le déranger sous quelque forme que ce soit, est « bête ». Le communisme scientifique était dirigé contre les communistes utopiques[91]. Ceux-ci aspiraient hic et nunc à la société communiste comme résultat de leurs actions politiques immédiates, comme défi de la volonté et de la capacité de réalisation des opprimés et exploités. Nous apprenons des sources, même des œuvres de Marx et d'Engels, que le communisme avait pris un grand essor au dix-neuvième siècle et qu'il était un défi pour le capitalisme. La Commune de Paris de 1870/71 ne fut qu'une de ses victoires réelles ou potentielles. Une offensive en faveur du capitalisme aurait eu une chance seulement sous la condition si elle se faisait passer pour la défense des véritables intérêts de la classe ouvrière et du communisme. Pour atteindre le communisme, il faut d'abord construire le capitalisme. Cela est la dialectique marxienne. Selon Marx, le capitalisme doit prendre son plein essor comme condition pour l'avènement du socialisme. Les conséquences de cette théories sont les suivantes:

1 Imposition du plein essor du capitalisme aux travailleurs pour laisser se mûrir l'histoire en vue de la prise de pouvoir par la classe ouvrière.
2 Proposer la révolution prolétarienne comme une vision future et réaliser tout de suite la révolution bourgeoise qui n'est en réalité qu'une contre-révolution capitaliste.
3 Nous avons pu suivre la concrétion de cette conception théorique lors de la révolution de 1848 par exemple. Marx et Engels mirent au pilori la contre-révolution qu'ils désignaient sous le nom de « féodalisme », mais ils revendiquaient en même temps une contre-révolution encore plus grande qu'ils nommèrent « révolution bourgeoise ».

Le défaut principal de la réception de la pensée de Marx et d'Engels depuis 150 ans jusqu'à nos jours est la *perception sélective* de l'histoire du 19ème siècle. Nous lisons cette histoire par les yeux de Marx et d'Engels en fixant notre esprit sur ce que les deux auteurs ont écrit. C'est ainsi que nous devinrent leurs dupes. Il est vrai qu'ils ont traité de sujets importants, mais leur importance est très relative à l'échelle de la grande politique. Les questions essentielles de l'époque étaient de loin celles du colonialisme, de l'impérialisme, du militarisme[92], de l'agression, de

[91] Friedrich Engels: *Die Entwicklung des Sozialismus von der Utopie zur Wissenschaft.*

[92] Le seul circulaire que Marx et Engels firent circuler pendant cette période était celui contre « *Kriege* », il porte le nom de « *Zirkular gegen Kriege* » daté du 11 mai 1846 et dirigé comme par ironie non pas contre le militarisme, mais contre une personne du nom de Kriege (MEW, tome 4, p. 3). (Le mot allemand « Krieg » signifie « guerre » en français, note du trad.)

l'invasion, des incursions dans les pays du Sud, de la chasse aux hommes, du marché d'esclaves (que Marx approuve expressis verbis[93]), du génocide des africains par les blancs, de l'expoliation de l'Afrique et de l'Asie. La tâche d'une critique devrait surtout examiner ce sur quoi Marx et Engels se taisent. Il est nécessaire qu'on imagine une synoptique de l'histoire du 19ème siècle et que l'on compare cette synoptique avec les articles réguliers et les proclamations fréquentes des deux journalistes-vedettes qui deviendront après leur mort les fondateurs du « communisme scientifique » et de la « révolution mondiale du prolétariat ». Depuis le moment où la journalisme impérialiste fit son apparition, il sut manipuler l'opinion publique en particulier par le fait que l'attention était attirée vers des faits secondaires à fin que les faits importants de la politique mondiale fussent marginalisés. Certes, Marx et Engels prirent position par rapport à la politique extérieure allemande, mais celle-ci était présentée par eux comme étant européenne. Si jamais le Sud était analysés, ils ne le mentionnèrent que sous l'aspect de la question de savoir comment l'Europe le pouvait utiliser. Marx dit dans *Sur l'avantage de l'esclavage*: « L'esclavage a prêté leur valeur aux colonies »[94].

L'impérialisme réellement existant et Marx.

Même pas dans sa propre théorie économique, Marx ne reste pas fidèle à sa démarche. Sa prétention fut celle de faire une enquête sur le mode de production. Dans son analyse du capital, il part d'un point fictif de zéro pour le capital pour ensuite en déduire l'accumulation du capitalisme par l'exploitation des travailleurs. En réalité, la base de production analysée par Marx ne se trouvait point à un niveau égal zéro. Le capitalisme européen n'était que le sommet d'une pyramide de production dont Marx a enlevée la véritable base.

Même au temps de Marx, les rapports de production étaient déjà internationalisés. Chez Marx, le mode de production est cependant circonscrit par régions et traité comme un système clos et isolé. Le capitalisme prend son envergure d'une façon endogène. Une « réalité apparente du capitalisme » refoule la « réalité de l'impérialisme » en tant qu'expoliation européenne des peuples extra-européens.

---

93 Karl Marx, Brief an P. W. Annenkow (lettre à Annenkow), datée du 28 décembre 1846, dans: MEW 27, 451-63, en particulier p. 458.

94 MEW, 27, 458.

Marx n'a pas posé la bonne question. Ses questions furent: Comment le capitalisme est né à partir du féodalisme? Et comment le capitalisme est né de lui-même? La réponse de Marx est la suite de sa façon de poser la question et ne serait correcte que si la question l'était aussi. La réponse de Marx est qu'il s'agit de lois de mouvement de la production de marchandises. C'est donc Adam Smith et David Ricardo[95], que Marx a repris. En plus il ambitionnait seulement de corriger leurs erreurs. En réalité, Marx n'atteint de loin pas le niveau de Smith et de Ricardo. C'est déjà Smith qui avait compris le fait des rapports internationaux et les cuases de la richesse et de la paupérisation des nations[96].

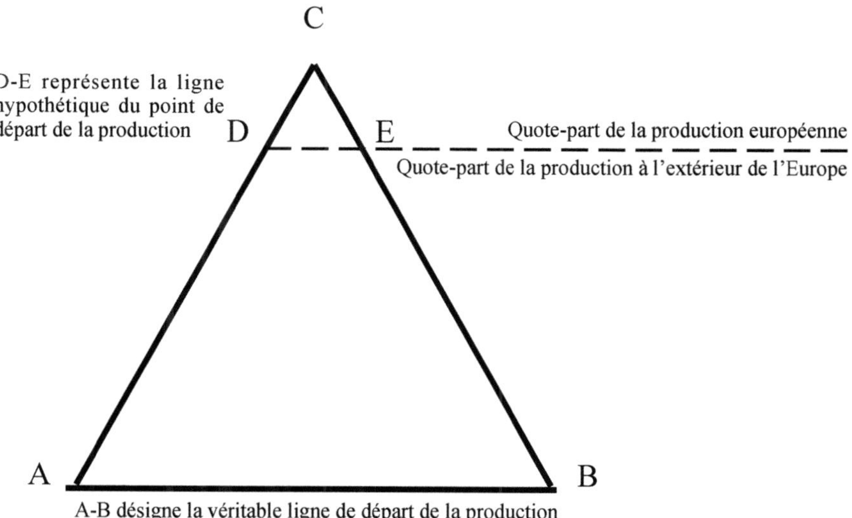

La démarche du *Capital* est erronnée. Ici, ce n'est que le sommet de la production qui est en cause tout en négligeant les structures d'expoliation de la production impérialiste de l'Europe. En cela, Marx se montre fidèle à l'analyse de l'economie nationale anglaise.

---

95 David Ricardo (1772-1823), économe anglais. Son œuvre est le sommet de la doctrine économique européenne dans sa forme classique. Son ouvrage principale est *On the Principles of political economy and taxation*, Londres: (3ème éd.) 1821.

96 Adam Smith (1723-1790), auteur classique des sciences de l'économie anglaises et économe le plus important avant Ricardo; les deux auteurs sont les références principales pour la constitution de l'économie politique marxienne. Ouvrage principale: Adam Smith: *An Inquiry into the nature and cases of the wealth of nations*, 2 tomes, Londres 1776.

Quinzième chapitre

Friedrich Engels[97] – le stratège de l'impérialisme.

Marx et Engels étaient des témoins directs des congrès coloniaux de Berlin (1878-84). C'est pendant ces congrès que l'impérialisme européen prit forme et coordonna ses agressions globales imminentes. Pendant un long processus historique, ce fut d'abord la puissance régionale de l'Egypte qui était désagrégée par la grande alliance européenne et qui fut finalement vaincue. Le plan anglais « Ruin of Egypt » fut appliqué en 1882. C'est ainsi que le mur de protection arabe qui s'éteindait du Maroc jusqu'en Syrie et qui protégeait l'Afrique et l'Asie contre la barbarie européenne, fut cassé. Les portes vers l'Afrique et vers l'Asie s'ouvrirent pour l'Europe. La conférence coloniale de Berlin (1884), le soi-disant « Congrès du Congo », fit sonner le signal de l'assaut de l'Afrique. Dans les quinze années à venir, le plus grand crime de l'histoire mondiale eut lieu, perpetré par des blancs contre les peuples noirs. Jusqu'en 1899 la répartition de l'Afrique entre Etats européens était terminée.

Marx (jusqu'en 1883) et Engels (jusqu'en 1895) vécurent les phases décisives de la préparation et de la réalisation des plans impérialistes. Ils avaient atteint le sommet de leur carrière d'écrivain. Une large partie de l'opinion pulique s'orientait par rapport à leurs idées en pensant que ces deux dirigeants devaient savoir quelle position prendre dans la résistance contre le capitalisme. Quant au congrès de Berlin de 1878, ils ne soufflent pas un mot. Engels n'écrit que quelques lignes sur la loi d'exception concernant les socialistes en Allemagne[98], mais il n'y fait pas allusion à la situation internationale. Il n'y parle pas de colonialisme. Ce n'est qu'isolément que des batailles des européens contre la Chine, les Indes et, une seule fois, l'Iran font l'objet d'un bref rapport par Marx et Engels

[97] Le créateur de la légende autour de Marx est, à part Marx lui-même, tout d'abord Friedrich Engels (1820-1895). C'est en éditant le legs de Marx qu'Engels a commencé de construire le mythe de Marx. Il avait pris l'habitude de rajouter son nom comme co-auteur après la barre oblique et cela dans une grande partie de l'œuvre de Marx. C'est ainsi qu'il créa une deuxième légende, à savoir sa propre. En effet, les ouvrages parus du vivant de Marx, se distinguent de ceux parus après sa mort par les soins d'Engels en particulier par le but poursuivi de ces écrits. Engels était moins génial que Marx, mais il savait mieux ce qu'il voulait atteindre en politique. A plusieurs reprises, Engels a dû se défendre contre le reproche de plagiat, il fut même obligé à avouer le vol d'idées. (Par ex. MEW 15, 257).

[98] MEW 19, p. 148.

sans qu'ils fassent une mention claire de l'impérialisme et ses vrais crimes contre les peuples et sans qu'ils condamnent les acteurs. Les Etats et forces sociales européens qui sont les coupables des crimes coloniaux, ne seront jamais mis au pilori à cause du pillage et de l'expoliation des peuples hors de l'Europe ou à cause du génocide des peuples noires. Personne n'aurait pu y reconnaître une exhortation à résister contre l'impérialisme, voire même véritable orientation par rapport à la véritable situation de la politique mondiale. Engels n'a pas vu d'un mauvais œil l'invasion des pays arabes par les Etats européens, par exemple l'agression espagnole contre le Maroc. Sur cet événement il a rédigé un article sous le titre significatif: « La guerre (la guerre de qui?, Karam Khella) contre les maures» (qui sont-ils? Karam Khella)[99].

Pour quel motif, Marx et Engels auraient-ils dû s'opposer aux congrès de Berlin? Ils étaient des spectateurs des invasions de l'Afrique et d'Asie, applaudissaient les héros blancs pour leurs victoires sur les noirs et offraient leur savoir et leur know-how à la victoire de la guerre impérialiste. Le marxisme avait fait ses preuves dans les service de l'impérialisme. Lorsque celui-ci avat mis en marche ses armées contre les peuples du Sud, ses médias faisaient appel à la conscience de la classe ouvrière des pays en détresse pour que ceux-ci ne fissent pas feu contre leurs frères de classe en disant que les soldats de l'impérialisme n'étaient que des prolétaires en uniforme. La victime est redevable de solidarité envers l'agresseur. Et si des partisans de la liberté tiraient sur cette classe de travailleurs uniformée, c'est-à-dire les soldats de l'impérialisme, alors les premiers doivent se justifier. N'est-ce pas encore aujourd'hui que les forces anti-impérialistes doivent se justifier contre le reproche d'être les porteurs de mouvements de libération « nationale »?

L'importance des recherches militaires d'Engels pour l'impérialisme.

Ceci est camouflée encore aujourd'hui. C'est depuis longtemps qu'Engels a traité des questions militaires de second ordre. Très vite, il a pu mettre à l'épreuve ses capacités stratégiques et de logistique. En tant que correspondant de guerre, il devint un expert en questions fondamentales ainsi qu'en détails subtiles militaires. Il est à exclure qu'il avait accès à l'infrastructure militaires et aux informations de fond sans l'approbation et l'appui par des commandants les plus hauts placés. Entretemps Engels

[99] Engels: *Der Krieg gegen die Mauren*, série d'articles allemands dans NYDT, janvier-mars 1860, en allemand dans: MEW 13, 548-570.

fit une raide ascension en stratégie de guerre au sens le plus littéral du terme. Il offre son savoir spécialisé et sa qualification entièrement à l'Etat impérialiste caractérisé par des intentions d'expansion. Des revues spécialisées offrent de la place sans limitation à Engels. On attribue une valeur didactique à ses expertises militaires qui s'adressent à tous les grades des « volonteers », « volontaires », « soldats », « officiers » jusqu'aux « généraux », « états majors » et des « ministres de guerre » qui s'appelaient déjà « ministres de la défense ». D'autre part, Engels fut mieux renseigné que n'importe qui sur la « Révolution et contre-révolution »[100] de sorte que l'Etat impérialiste avait accès à un savoir et à des analyses interdisciplinaires, pleinement utiles pour les agressions, invasions et contre-révolutions. Même cela ne fut pas un obstacle pour que Engels fût élevé au rang d'un auteur classique et de co-fondateur du marxisme-léninisme. Les agressions colonialistes contre le Sud mirent les troupes européennes devant des difficultés nouvelles qu'ils ne purent résoudre par des moyens conventionnels. Il était nécessaire de développer d'abord une théorie et pratique nouvelles de la guerre d'aggression. Il fallait d'abord trouver les savants capables de résoudre ces problèmes. Engels sembla avoir attendu ce moment. Il commença à s'occuper des difficultés théoriques et pratiques de la guerre impérialiste. Pour que nous nous comprenions bien, il le fit dans l'intérêt de l'impérialisme et non pas dans celui de la lutte de libération des peuples. Engels se préoccupa de la conception de troupes et de commandos spéciaux qui devraient être formés pour des tâches auxquelles les mercénaires en général n'étaient plus adaptés. Comme Engels avait un quotient d'intelligence au-dessus de la moyenne, il possédait la capacité d'élaborer les schémas pour l'emploi de troupe d'élite ou, comme il le nomme lui-même, de génie. Sur la théorie, la fonction et l'envoi d'unités spéciales, d'assaut et d'élite, Engels a rédigé entre autre le traité:

Friedrich Engels: *Die Freiwilligen-Genietruppen*[101].

Pendant des décennies, Engels offrait sa qualification théorique et ses capacités stratégiques à la guerre impérialiste. C'est dans cette période qu'il devint le journaliste le plus important des revues spécialisées des armées impérialistes tant pour l'armée régulière que pour les organisations et troupes paramilitaires. Du nombre des journaux militaires comptait aussi la « *Allgemeine Militärzeitung* » (éditée par une « *Gesellschaft deutscher Offiziere und Militärbeamten* » (trad. = Société d'officiers et fonctionnaires

[100] MEW, tome 8.
[101] F. Engels, dans: *The Volunteer du 24 novembre 1860*, d'après: MEW 15, 229-233.

militaires allemands))[102]. Même le périodique spécialisé impérialiste des questions militaires *The Pall Mall Gazette* (Londres) avait reconnu le génie stratégique d'Engels dont il ne put se passer, et Engels fut engagé à titre de correspondant permanent[103].

Dans sa qualité d'expert, Engels fut invité à plusieurs reprises par le ministère de guerre et l'état major à participer en tant qu'observateur à des manœuvres et batailles. Sa tâche consistait à analyser le déroulement, de faire une critique et de proposer des améliorations. En tant qu'observateur, Engels a participé déjà dans sa jeunesse à des guerres. Il ne prit cependant point parti pour les partisans de la liberté et les peuples en détresse. Il s'identifiait plutôt complètement avec les agresseurs impérialistes. Il s'en charge de former un nouveau type de soldat dont les caractéristiques correspondent aux nécessités de la guerre coloniale, et d'émettre des jugements appréciatifs sur les actions militaires dans les autres continents. C'est Engels qui inventait les stratégies de combat nécessaires à l'occupation et la colonisation de vastes territoires. Dans ce domaine, il accumule tant de savoir que les académies militaires utilisaient des matériaux élaborés par Engels. Les plans didactiques pour les soldats, officiers et même les généraux utilisaient la didactique de guerre, les récensions et critiques des manœuvres et ses conceptualisations et propositions pour mener à bien les guerres coloniaux.

A côté des armées régulières, ce sont les troupes irrégulières qui jouèrent un rôle capital dans les agressions impérialistes. A cet effet, on réunissait des soi-disant « volonteers », « Freiwillige » et « légionaires » pour les opérations. C'est précisément pour ce genre de troupes qu'Engels avait acquis une qualification spéciale qui s'ajoutait à son savoir militaire de base. La formation des « volonteers » devint une des occupations principales. Il s'occupait à former les agresseurs professionels et à devenir un auteur didactique en questions militaires. C'est Engels qui fournissait l'introduction des « volonteers » dans la théorie et pratique de la guerre coloniale. Les jeunes gens qui avaient une grande tendance pour le vol et le meurtre, devinrent des assassins professionnels pendant une formation spéciale pour « volonteers » et « légionaires » tout en respectant une certaine discipline militaire. C'est en particulier pour le journal *The Volonteer Journal* qu'Engels a élaboré des enquêtes et matériaux didactiques très volumineux. Le journal *The Volonteers* n'était pas destiné à l'armée régulière, mais à des organisations irrégulières, dites paramilitaires, c'est-

102 Dans ce journal, on trouve par ex. un article dans le n° 36 du 8 sept. 1860 = MEW 15, 137-143.
103 Engels dans: PMG 1870-71, MEW, tome 17, p. 9 ss.

à-dire en claire à des « commandos de terreur ». Celles-ci sont prévues pour des opérations criminelles d'envergure pour lesquelles l'Etat ne veut pas prendre la responsabilité. Les actions militaires des dits volontaires sont en réalités des bains de sang parmi la population civile, des pillages, mises à feu, enlèvements et autres choses semblables. On considérait que le matériel militaire qu'Engels avait préparés pour les Légionaires Etrangers était si parfait du point de vue de la compétence spécifique et didactique que le périodique spécialisé pour des volontaires, le *Volonteers*, a fait éditer le matériel sous forme d'un « manuel » pour les troupes irrégulières et le personnel militaire inofficiel. Il y en avait plusieurs tirages[104].

Etre « Freiwilliger », « volonteer », « légionaire-étranger » ou « mercenaire » est et a été un travail bien remunéré. L'impérialisme offre le job d'un assassin professionel aux aventuriers et criminels. On les recrute dans tous les pays européens et les prépare aux futures tâches d'un soldat colonial. Les jeunes gens sont en principe dépourvus d'une formation professionnelle. Les recrues ne sont pas habituées à la discipline et à l'ordre militaires et doivent d'abord les apprendre. L'entrainement militaire consiste dans l'introduction aux structures de subordination, au maniement des armes et à la maîtrise de situations logistiques difficiles. Par une formation psychologique spéciale, ils apprennent de n'avoir pas de scrupules et d'acquérir certaines structures de la personnalité dont ils auront besoin dans leur fonction d'assassin. Le criminel individuel doit apprendre la forme d'assassin professionnel. C'est pour cela que les « Freiwillige », les « légionaires » et les « volonteers » ont acquis leur renommée de pilleurs de colonies. Quand ils furent arrivés dans un endroit en Afrique ou Asie, il y avait d'abord un bain de sang, ensuite des mises à sac, des enlèvements, des feux et des viols. C'est ainsi que la terreur et la panique se répandaient dans les villages paisibles du continent noir. C'était l'œuvre des « pioniers » qu'Engels avait pris en charge. En réalité, les buts didactiques ambitieux demandent une haute qualification professionnelle du formateur.

Le nom des soldats, fantassins et officiers « légionaires », « volonteers » ou « freiwillige » est devenu un synonyme pour des troupes d'opération particulièrement brutales, sanguinaires et sans conscience. C'est Engels qui les avait préparées et qualifiées pour ces opérations. Parmi d'autres choses, il mentionne les grands succès et donc ses propres succès par rapport à la formation de « volontaires ». Il écrit sur une manœuvre de « volonteers » de l'armée coloniale anglaise. Comme les biographies des auteurs classiques

[104] Friedrich Engels: *Essays adressed to volonteers*, Londres 1861, par Friedrich Engels, Londres 1861, en allemand dans: MEW 15, 255-303.

passent sous silence cette activité d'Engels, on doit souligner qu'Engels poursuivait les manœuvres de ses propres yeux. Les manœuvres de ce calibre sont des secrets de logistique; c'est-à-dire qu'Engels fut l'un des initiés[105].

Engels enseignait en plus la didactique militaire. Il s'adressait dans ce domaine aux officiers supérieurs, généraux et stratèges supérieurs jusqu'aux ministres de la guerre. Son matériel didactique reflète ce état de choses.
Exemples:

Friedrich Engels: Die Freiwilligen-Generale[106]

Friedrich Engels: Freiwilligen-Offiziere[107]

Engels fait donc partie de cette élite très parsemée d'experts qui ont donné le cachet à la stratégie et la discipline intérieure de l'impérialisme.

Engels se comprend lui-même comme stratège colonial et théoricien de la guerre impérialiste; il se voit obligé d'exercer son agitation dans les ministères de guerre pour que ceux-ci puissent mieux vaincre en Afrique et en Asie. Prêtons la parole à Engels lui-même:

Extrait de: [*The Volonteer Journal, for Lancashire and Ceshire*
nº 12 du 24 novembre 1860]
Friedrich Engels
Die Freiwilligen Genietruppen

« L'armée des volontaires possède depuis déjà quelque temps une infanterie et une artillerie fortes en nombre; en plus, elle dispose aussi une petite troupe de cavallerie, et mainentenant elle commence à s'occuper aussi de la branche la plus récente du service militaire, le génie. On discute actellement en profondeur le sujet des troupes volontaires de génie, et ce sujet mérite cette attention. Le corps des troupes de génie royales est dorénavant trop faible par rapport aux multiples tâches qui se présentent tant dans la métropole que dans les colonies. Qu'est-ce qui se passera alors en cas de guerre ou d'une invasion imminente? Les nombreuses fortifications qui sont en construction et forment un camp palisée énorme autour des chantiers navaux, demandent une équipe d'un nombre considérable

105 F. Engels, dans: *Allgemeine Militär-Zeitung*, nº 44 du 1er nov. 1862 et nº 45 du 8 nov. 1862 (= MEW 15, 534-540).

106 F. Engels, dans: *The Volonteer Journal*, nº 28, du 16 mars 1861, en allemand dans: MEW 15, 258-62.

107 F. Engels, dans: *The Volonteer Journal*, nº 64, du 22 nov. 1861, en allemand dans: MEW 15, 384-388.

en officiers et soldats de génie; mais aussi l'armée combattante qui s'est accrue du double ou triple par l'emploi de volontaires, aura besoin d'un complément par des troupes de génie pour garantir sa pleine efficacité d'action face à l'ennemi. Si le corps des troupes de génie royale n'est pas considérablement augmenté en nombre, les tâches de cette branche devront être accomplies ou bien d'une manière insatisfaisante ou bien par des volontaires qui auront reçu au préalable une formation spéciale. Le nombre de troupes de génie qui doit faire partie d'une armée en combat, n'est d'ailleurs pas très grand. Trois ou quatre compagnies pour un corps d'armée de deux divisions (16 à 24 bataillons d'infanterie dont une partie correspondante de cavallerie et d'artillerie) seraient tout à fait suffisantes. Dans le cas d'une armée en combat avec des troupes de ligne de 40.000 hommes, 20.000 miliciens et 100.000 volontaires, donc en tout 160.000 ou 200 bataillons, cela donnerait huit à dix corps et cela exigerait à peu près 30 compagnies de soldats de génie. Supposons que les troupes de génie royales disposent de dix compagnies, cela signifierait que vingt compagnies devrait être formées par des volontaires. A peu près le même nombre d'autres troupes de génie volontaires serait suffisant pour aider les troupes royales dans la défense des chantiers navaux de sorte que quarante compagnies composées de soldats de génie volontaires sont suffisant pour completer l'infanterie et l'artillerie des volontaires dans leur puissance actuelle. Si le nombre de volontaires devait accroître de telle façon qu'il leur serait possible de faire apparition dans le combat avec plus de 100.000 hommes après que les garnisons eurent été retirées, un seul soldat de génie complémentaire serait suffisant par rapport à chaque centaine de soldats supplémentaires; ceci donne comme résultat un nombre de 200 soldats de génie (ou trois compagnies) pour chaque corps d'armée de 20.000 hommes.[108] »

Dans la suite de l'article, Engels discute les détails d'une invasion coloniale et pèse les aléas d'une victoire ou d'une défaite[109].

Dans sa guerre permanente contre les peuples noirs, l'impérialisme a maintenu les conceptions engelsiennes jusqu'à nos jours, en particulier l'envoi des troupes d'élite. La contribution engelsienne à la guerre impérialiste et à ses succès, en particulier l'oppression et l'exploitation de peuples du Sud, est très concrète et orientée vers la pratique. Le comportement d'Engels est très méritoire dans l'histoire de la victoire de l'impérialisme. C'est Engels qui a développé les unités didactiques de la

---

108 MEW 15, 229-30.
109 MEW 15, 229-33.

théorie, de la stratégie, de la logistique ce qui est devenu l'infrastructure de l'impérialisme. L'Europe était et est toujours « gleichgeschaltet », ce terme étant celui du national-socialisme pour signifier les harmonisations obligatoires de l'ensemble du peuple allemand à partir de 1933. Au 19ème siècle, les représentants de la gauche radicale, du « communisme scientifique » étaient du côté de l'impérialisme comme nous le voyons chez Engels, par exemple. Aujourd'hui, personne ne s'intéresse à prendre conscience des crimes impérialistes passés ou présents. On continue le culte de Marx et d'Engels et donc leur signification pour la victoire de l'impérialisme.

Les crimes contre l'humanité et la criminalité immonde des blancs contre les africains, asiatiques et arabes qui ne sont pas encore discutés en Europe, tout cela a été causé par l'auteur classique en tant que bureaucrate, moniteur, agitateur et multiplicateur. La gauche ne présente pas Friedrich Engels et Karl Marx comme philosophes ayant, en réalité, une fonction d'alibi, comme humanistes; quelle est la position des autres?
Pendant presqu'un demi siècle, Engels servait la direction et administration militaires dans différents Etats européens. Il a formé plusieurs générations de volontaires et de légionaires. Les anciens élèves ont écrit une histoire sanglante en Afrique, Asie, Amérique du Sud et du Centre. C'est à eux que l'on doit l'immense richesse en Europe et aux Etats-Unis.

Le marxisme a dépersonnalisé, désubjectivisé et anonymisé les crimes des européens. Ce procédé s'appelle « capitalisme ». De la même façon procède toute idéologie qui se présente le suffixe d'un -isme. Chaque « -isme » existe partout et nulle part. Personne ne se sent responsable. Personne -homme ou femme – n'a à craindre d'être justiciable. C'est le « capitalisme » et non point les blancs qui perpètre les crimes contre les noirs. C'est d'une manière particulière que Marx fournit la réhabilitation de ses compatriotes. Les pratiques sont à la charge des rapports impersonnels de la production. Les personnes ne sont pas accusées, du moins pas de façon directe. Et pourquoi, puisque c'est la dynamique propre du mode de production. Plus Marx devint progessif, plus les choix devinrent impossibles. Selon lui, ce sont les contraintes de l'économie, les lois du mouvement du capital, qui mènent vers l'expansion de l'impérialisme. C'est cela la feinte géniale de prestidigitateur du marxisme: anonymisation du crime. L' « abstraction » qui était la force de Marx, est le moyen de construction de cette philosophie. L'invention de la réalité refoule la réalité véritable.

Sources primaires

Les écrits militaires d'Engels se trouvent dispersés dans l'ensemble des MEW, en particulier dans les tomes 7, 9, 10, 11, 12 et, surtout, 14, 15 et 17. Les éditeurs des MEW n'ont cependant pas publiés tous les travaux militaires, mais seulement les travaux plus ou moins inoffensifs. Nous voulons surtout attirer l'attention du lecteur au tome quinze. Nous en indiquons dans la suite quelques articles à cause de leur importance:

Texte de base et élémentaires pour la formation:
Exemples:

Friedrich Engels,	*Über gezogene Kanonen*[110], MEW 15, 27-39
Friedrich Engels,	*Die geschichte des gezogenen Gewehrs*[111], MEW 15, 195-226
Friedrich Engels,	*Kompanieexerzieren*[112] MEW 15, 270-74
Friedrich Engels,	*Gewehre und Gewehrschießen Das Lancaster- und das Einfield-Gewehr*[113], MEW 15, 275-80

Expertises stratégiques et logistiques:
Exemples:

Friedrich Engels:	*Die Freiwilligen Generäle*, in: MEW 15, 258-62
Friedrich Engels:	*Freiwilligen-Offiziere*, in: MEW 15, 384-388
Friedrich Engels:	*Die Freiwilligen-Genietruppen*, in: MEW 15, 229-233

Nous avons indiqué d'autres sources dans le texte.

Le 14 mars 1884, Marx mourut dans le fauteil de son domicile londonien. Peu avant, le 2 décembre 1881, sa femme, Jenny, avaít mouru. Tous les deux sont enseveli au cimetière de Highgate à Londres. Après sa mort, Engels a fait le nécessaire pour faire imprimer un nombre considérable de manuscrits de Marx, qui n'avaient pas encore été publiés; il prépara l'édition des œuvres, parmi elles, les tomes deux et trois du *Capital* et il honora Marx pour la postérité. C'est aussi à Londres qu'Engels mourut le 5 août 1895.

---

110 Engels, série d'articles en avril-mai 1860, dans: *NYDT*, d'après MEW 15, 27-38.

111 Engels, série d'articles dans le périodique spécialisé pour légionaires étrangers *The Volonteer*, en allemand dans: MEW 15, 195-226.

112 Engels, in: *The Volonteer Journal*, n° 33, du 20 avril 1860, en allemand dans: MEW 15, 270-74.

113 Engels, in: *The Volonteer Journal*, n°35, du 4 mai 1861, en allemand dans: MEW 15, 275-280.

Karam Khella

L'invention de la réalité
ou
La critique de la critique de l'économie politique.

L'invention de la réalité est la cause principale pour sa réalisation. Marx a cru d'avoir découvert des légalités du capitalisme. Le marxisme lui attribue et lui atteste d'avoir déchiffré le capitalisme et d'avoir mis à jour ses lois de mouvement. La capacité d'abstraction de Marx lui a permis de présenter le système qu'il nommait capitalisme, par écrit. Depuis lors, on croit au capitalisme. Marx était de l'avis d'avoir trouvé le noyau rationnel de la réalité sociale. Il a inventé le capitalisme sans qu'il prît soin de se rendre compte que c'était de sa propre invention. Dès que le capitalisme est né dans la tête, il s'incarne matériellement dans la réalité. Le fait que Marx croit d'être un critique du capitalisme, ne rend que plus crédible son invention. Dès que le capitalisme est né à partir d'une auto-suggestion, l'invention de la réalité passe à être une réalité trouvée. Le capitalisme est une construction. Marx en est un de ses auteurs les plus importants. C'est pour cela que l'invention a un fonctionnement réel. La théorie grise est devenu une réalité oppressante. La pratique doit résoudre le problème d'éliminer une construction qui est devenue réelle. La réalité apparente a refoulé la réalité.

1 Pourquoi est-ce que le capitalisme est en effet une construction, et en plus la plus dangéreuse depuis le début de l'histoire?
2 Qu'est-ce qui est la réalité proprement dite qui se cache derrière cette pseudo-réalité?
3 Pourquoi est-ce que la réalité proprement dite doit disparaître en faveur d'une réalité apparente?
4 Qui est-ce qui a un intérêt de quelle réalité?
5 Est-ce que la pseudo-réalité a définitivement remporté la victoire sur la vraie réalité?
6 Comment est-ce qu'on rétablira la réalité proprement dite?
7 Est-ce qu'il y a un besoin en théorie? Quelles sont les démarches pleines de promesses?
8 Pourquoi a-t-on besoin d'une théorie anthropologique révolutionnaire?

Je me suis efforcé de répondre consciencieusement à ses question. Mes réponses, je les présente dans un tome à part: *L'Invention de la réalité ou la critique de la critique de l'économie politique.*

Karam Khella
paru dans le Therorie und Praxis Verlag, Hambourg 2004

Die Marx-Trilogie in französischer Übersetzung

Karam Khella

Marx, un Mythe

Vita de Marx

ISBN 978-3-921866-92-4
160 Seiten
14 €

Karam Khella

La Réalité Inventée

Critique de la critique de l'économie politique

ISBN 978-3-921866-93-1
160 Seiten
14 €

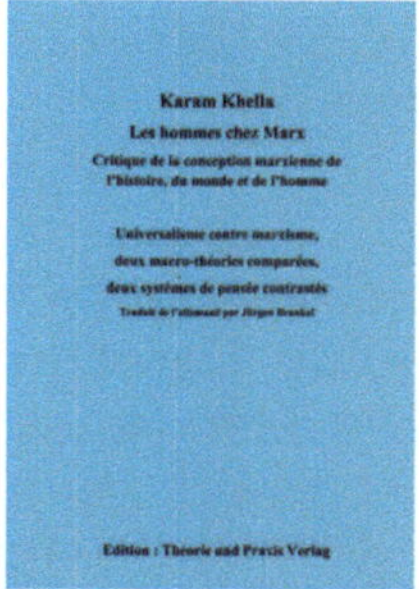

Karam Khella

Les hommes chez Marx

ISBN 978-3-939710-17-2
256 Seiten
18 €

Tous des trois volumes traduits de l'allemand par Dr. Jürgen Brankel.

Zur Geschichts- und Theorierevision:

Karam Khella
Mythos Marx

Band 1

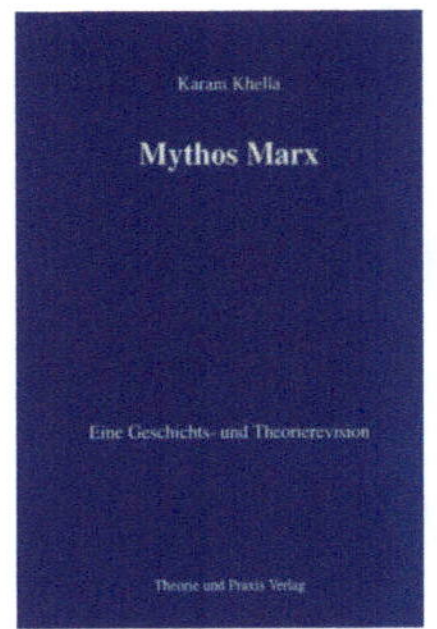

ISBN 978-3-921866-62-7
160 Seiten
14 €

Selten klafft authentische Geschichte und späterer Mythos so extrem auseinander wie bei Marx. Legendenbildung ist nicht selbstlos. Was wollte und was vertrat der Begründer des Marxismus und was haben Überlieferungen und Rezeption aus ihm gemacht? Welche Bedeutung hatte Marx in seiner Zeit und welche Aktualität hat er heute?
Eine Lehre suchte nach einem Begründer und sie hat ihn gefunden.

Karam Khella
Die erfundene Realität

Band 2

ISBN 978-3-921866-72-6
184 Seiten
14 €

Die erfundene Realität ist die Hauptursache ihrer Verwirklichung. Marx glaubte, Gesetzmäßigkeiten des Kapitalismus entdeckt zu haben. Der Marxismus schreibt ihm zu, den Kapitalismus aufgeschlüsselt und seine Bewegungsgesetze ermittelt zu haben. Seitdem wird der Bestand des Kapitalismus geglaubt. Marx war der Meinung, dem rationalen Keim der gesellschaftlichen Realität auf die Spur gekommen zu sein. Er hat den Kapitalismus erfunden, ohne sich des Akts der Erfindung bewusst gewesen zu sein. Ist der Kapitalismus einmal im Kopf entstanden, verkörpert

er sich real. Der Kapitalismus ist ein Konstrukt. Marx ist einer seiner bedeutsamsten theoretischen Urheber. Die Praxis muss das Problem lösen, d.h. das Konstrukt beseitigen, das real geworden ist. Die Scheinrealität hat die Realität verdrängt.

Karam Khella

Die Menschen bei Marx

Band 3

ISBN 978-3-921866-66-5
226 Seiten
18 €

Kritik des Marxschen Geschichts-, Welt- und Menschenbildes
– Universalismus versus Marxismus –
– Zwei Denksysteme im Kontrast –

Wie der Titel schon sagt, steht der Mensch im Mittelpunkt. Khella analysiert das Marxsche Denksystem nach allen Aspekten, die der Klassiker behandelt. Marx wird dort bestätigt, wo er Recht hat und kritisiert, wo er sich geirrt hat. Der Autor konfrontiert dabei zwei Denksysteme, den Marxismus und den Universalismus. Zu allen relevanten Fragen stehen Thesen und Antithesen gegenüber.

Menschen bei Marx ist ein Buch zur Orientierung im Leben, zum Handeln in der Gesellschaft und im Alltag.

Alle drei Bände zusammen

ISBN 978-3-921866-60-3 **40 €**

Karam Khella

Die Universalistische Erkenntnis- und Geschichtstheorie

ISBN 978-3-939710-00-4
197 Seiten
12 €

Das Buch behandelt die Theorie, ist aber nicht weniger ein Buch der Praxis.
Es sind zwei Bücher in einem Band:
Im Mittelpunkt des ersten Teils stehen die Fragen der Erkenntnis:
- Ist objektive Erkenntnis möglich?
- Wie können wir Erkenntnissperren überwinden?
- Wie können wir Barrieren des Verstehens aus dem Weg schaffen?

Die Lösung dieser Probleme öffnet die Tür zu zielgerichtetem Handeln, zur Praxis.
Die Welt ist erkennbar – Die Welt ist veränderbar.
Es ist ein Buch für den Alltag. Jeder ist der Schöpfer seiner selbst. Jede ist Schöpferin ihrer Welt.

Warum denn ein Buch zur Geschichtstheorie?
Entgegen ihrem Anspruch, historisch-kritisch zu sein, erweist sich die Geschichtswissenschaft als ideologisches Mittel ersten Ranges. Alte Mythen werden durch neue, scheinwissenschaftliche Legendenbildung ersetzt.
Ist Geschichtswissenschaft möglich? Wie können eingefahrene Wege und Denkmuster überwunden werden?
Vielleicht werden Sie durch die Lektüre dieses Buches feststellen, dass Geschichte, Erkenntnis und Theorie viel aufregender sind, als Sie es sich vorgestellt haben.

Detlev Quintern
Zur Leistungsfähigkeit der „Universalistischen Geschichtstheorie“ von Karam Khella

ISBN 978-3-921866-63-4
248 Seiten
18 €

Die Universalistische Geschichtstheorie gehört zu den wichtigsten Erneuerungen am Übergang zum 21. Jahrhundert. Detlev Quintern hat die Leistungsfähigkeit der Universalistischen Geschichtstheorie von Karam Khella in Vergleich zu den bisher etablierten Auffassungen untersucht und ist zu aufregenden Ergebnissen gekommen.

Das vorliegende Buch präsentiert außerdem einen neuartigen erkenntnistheoretischen und wissenschaftsmethodischen Ansatz, den der autobiographischen Kognition.

Das Buch erläutert zudem die Universalistische Geschichtstheorie und stellt sie verständnisorientiert dar.
Ein angewandter Teil am Schluß erleichtert und konkretisiert das Verstehen.

Karam Khella – Reihe „Über den Krieg“

1. – Von den Kreuzzügen bis zur Invasion Afrikas und Asiens
Behandelter Zeitraum: 750-1885
ISBN 978-3-939710-26-4
2. Aufl. 2016 – 140 Seiten **12 €**

2. – Der Erste Weltkrieg und der Süden
Mythen und Realität
Behandelter Zeitraum: 1885-1933
ISBN 978-3-939710-27-1
2. Auflage 2016 – 80 Seiten **10 €**

3. – Der Zweite Weltkrieg
Geschichte und Legende
Behandelter Zeitraum 1933-45
ISBN 978-3-939710-28-8
200 Seiten, [Neuauflage 2021] **12 €**

4. – Überall, jederzeit, mit allen Waffen Imperialismus heute
Krieg und Frieden
Behandelter Zeitraum: 1945 bis zur Gegenwart
ISBN 978-3-939710-06-6
3. Auflage 2013 – 406 Seiten **22 €**

5. – Chronik des Krieges seit einem Jahrtausend
ISBN 978-3-939710-23-3
1. Auflage 2015 – 74 Seiten **9 €**

Reihe „*Über den Krieg*“ gesamt (5 Bände)
ISBN 978-3-939710-07-3 **50 €**